AF336093

LA VÉRITÉ

MASQUE DE FER

OU RECHERCHES

SUR L'IDENTITÉ DU PERSONNAGE DÉSIGNÉ SOUS CE TITRE

PAR

L. MONTAUDON

MEMBRE DE LA SOCIÉTÉ DES ÉTUDES HISTORIQUES.

AMIENS

TYPOGRAPHIE DE DELATTRE-LENOEL

32, RUE DE LA RÉPUBLIQUE, 32.

—

1889

Extrait de la Revue de la Société des Études historiques
(Septembre-Octobre et Novembre-Décembre 1888).

LA VÉRITÉ

SUR LE

MASQUE DE FER

OU RECHERCHES

SUR L'IDENTITÉ DU PERSONNAGE DÉSIGNÉ SOUS CE TITRE

PAR

L. MONTAUDON

MEMBRE DE LA SOCIÉTÉ DES ÉTUDES HISTORIQUES.

AMIENS

TYPOGRAPHIE DE DELATTRE-LENOEL

32, RUE DE LA RÉPUBLIQUE, 32.

1888

LA VÉRITÉ SUR LE MASQUE DE FER

OU RECHERCHES SUR L'IDENTITÉ DU PERSONNAGE DÉSIGNÉ SOUS CE TITRE.

Des indications fournies par les documents officiels.

Dans l'histoire de notre pays, il est peu de questions ayant excité un certain intérêt, qui soient restées aussi obscures, qui aient donné lieu à des conjectures si diverses, que celle du Masque de fer dont le dénouement ne remonte même pas à deux siècles.

Il s'est produit à cet égard des versions nombreuses qui, fondées sur des témoignages verbaux, le plus souvent exacts, mais incomplets, mal coordonnés, ne reposaient sur aucunes données précises, et, par suite, manquant d'une base assurée, présentaient seulement le caractère de solutions hypothétiques, à peu près sans rapport avec les documents officiels.

Ils ne manquent pas cependant : on en trouve aux imprimés de la bibliothèque nationale, à l'Arsenal, aux Archives nationales, dans les dossiers de Saint-Mars, de Reith, de Fouquet, dans les registres de la maison du Roi, et surtout aux archives de la Guerre, où il y a, pour cette période du xviie siècle, 1,700 volumes, dont chacun contient un millier de dépêches.

Les papiers d'État de Le Tellier, réunis dans ce qu'on appelle le fonds français, département des manuscrits, forment un total d'environ 328 volumes.

L'abbé Massieu chargé, de 1797 à 1815, de la conservation des Archives historiques de la Guerre, reprit les travaux de classement commencés avant lui et forma huit cents volumes de dépêches minutes.

M. l'officier d'état-major Jung, aujourd'hui colonel, qui a pu prendre connaissance d'un très grand nombre de lettres originales, de dépêches officielles, s'est trouvé en mesure de discuter les récits antérieurs et de faire ressortir l'inanité des opinions acceptées primitivement, en ce qui concerne l'identité du Masque de fer.

De ses laborieuses recherches, de ses investigations éclairées, il résulte :

1° Qu'il y a eu réellement, à la Bastille, du 16 septembre 1698 au 19 novembre 1703, un prisonnier astreint à porter un masque, dont le visage, le nom et l'identité étaient inconnus à tous, sauf au gouverneur et à ses agents, qui en devaient garder le secret rigoureux ;

2° Qu'il y avait eu, vers la même époque, beaucoup d'autres prisonniers mystérieux détenus dans les prisons d'État, ce qu'ont vraisemblablement ignoré la plupart des auteurs qui se sont occupés du Masque de fer ;

3° Et que le personnage, désigné sous ce dernier titre, n'avait pas, dans le principe, excité l'attention de ses contemporains ; qu'il a donné lieu plus tard à de nombreuses suppositions, dont aucune de celles émises jusqu'à ce jour, n'est en rapport exact avec l'ensemble des faits constatés.

Ces propositions se trouvent en quelque sorte établies par la correspondance que l'on a conservée, par des dépêches officielles dont l'autorité est incontestable.

Le 13 août 1691, M. de Barbezieux, fils et successeur de M. le marquis de Louvois, écrivait à M. de Saint-Mars :

« Lorsque vous aurez quelque chose à me mander *du prisonnier*
» *qui est sous votre garde depuis vingt ans*, je vous prie d'user des
» mêmes précautions que vous faisiez quand vous les donniez à
» M. de Louvois. »

Six ans après, M. de Barbezieux écrit, le 17 novembre 1697 :
« Continuez à veiller sur la sûreté de vos prisonniers, sans vous
» expliquer à qui que ce soit de ce qu'a fait *votre ancien prisonnier.* »

Le 19 juillet 1698, quand M. de Saint-Mars est appelé au poste de gouverneur de la Bastille, M. de Barbezieux lui écrit :

« Le roi trouve bon que vous partiez des îles Sainte-Marguerite,
» pour venir à la Bastille, *avec votre ancien prisonnier*, prenant vos
» précautions pour qu'il ne soit ni vu ni connu de personne. »

Pendant le voyage, M. de Saint-Mars s'arrêta quelques instants dans sa propriété ; son petit-neveu, M. Formanoir de Palteau, écrivait à Fréron, soixante ans plus tard :

« M. de Saint-Mars séjourna avec son prisonnier à sa terre de
» Palteau, près Villeneuve-le-Roi. L'homme au masque arriva
» dans une litière qui précédait celle de M. de Saint-Mars ; ils
» étaient accompagnés de plusieurs gens à cheval. Saint-Mars
» mangea avec son prisonnier, qui avait le dos opposé aux croisées
» qui donnent sur la cour ; les paysans que j'ai interrogés ne
» purent voir s'il mangeait avec le masque, mais ils observèrent
» bien que M. de Saint-Mars, qui était à table vis-à-vis de lui, avait
» des pistolets à côté de son assiette ; ils n'avaient pour les servir,
» qu'un seul valet de chambre, qui allait chercher les plats qu'on
» lui apportait dans l'antichambre, fermant soigneusement sur lui
» la porte de la salle à manger. Lorsque le prisonnier traversait
» la cour, il avait toujours son masque sur le visage. Des passants
» remarquèrent qu'on lui voyait les dents et les lèvres, qu'il était
» grand et avait les cheveux blancs. M. de Saint-Mars coucha dans
» un lit qu'on avait dressé près de celui de l'homme au masque ;
» je n'ai pas ouï dire qu'il eût aucun accent étranger. »

Ce récit, qui offre toutes les apparences d'une entière sincérité, nous atteste l'existence d'un prisonnier portant un masque, devenu, en quelque sorte, associé de M. de Saint-Mars, le célèbre geôlier, dont la faveur auprès de Louvois, de Barbezieux et de Pontchartrain était due à sa belle-sœur, Mme Dufresnoy et à M. Desgranges, père de la femme de son fils.

Des prisonniers mystérieux.

Ce prisonnier de M. de Saint-Mars n'est pas le seul, qui, dans la seconde moitié du xviie siècle, ait été privé de toute communication avec le dehors, et dont le nom, l'identité restaient un mystère pour presque tous.

Ainsi, en 1669, le secrétaire d'État de la guerre, M. le marquis de Louvois, écrivait au gouverneur du donjon de Pignerol [1] :

(1) Delort, p. 151.

« Le Roi m'ayant commandé de faire conduire à Pignerol le
» nommé..... il est de la dernière importance à son service, qu'il
» soit gardé avec une grande sûreté, qu'il ne puisse donner de ses
» nouvelles en nulle manière, ni par lettre, à qui que ce soit. »

Le même ministre adressait, le 2 avril 1673, au Père Hyacinthe,
un ordre ainsi conçu : « Étant très important au service du Roi, que
» celui qui sera indiqué par le porteur du présent billet soit arrêté
» et gardé *sûrement*. » C'est-à-dire au secret le plus absolu.

Le 16 janvier 1674, il écrivait au sujet de l'un des confidents de
l'Empereur d'Allemagne [1] :

« Il y a de l'apparence que M. de Lieasala doit bientôt partir de
» Liège pour retourner à Cologne. Comme ce serait un grand
» avantage de le pouvoir prendre, et même qu'il n'y aurait grand
» inconvénient de le tuer, pour peu que lui ou ceux qui seraient
» avec lui se défendissent, parce que c'est un homme fort imper-
» tinent dans ses discours, et qui emploie toute son industrie, dont
» il ne manque pas, contre les intérêts de la France, avec un
» acharnement terrible, vous ne sauriez croire combien vous feriez
» votre cour à Sa Majesté, si vous pouviez faire exécuter ce projet,
» dès qu'il s'en retournera. »

Des instructions de cette nature montreraient que, contrairement
à l'avis exprimé dans l'histoire de M. Henri Martin [2], au sujet de
la supposition du Masque de fer cachant un fils illégitime d'Anne
d'Autriche, le fanatisme de l'honneur monarchique n'était pas le seul
mobile qui pût inspirer à Louis XIV la pensée d'un acte criminel.

Le 18 avril 1689, M. de Seignelay adressait à M. de Saint-Mars
l'ordre ci-après [3] :

« Sa Majesté ne veut pas que l'homme qui vous sera remis soit
» connu de qui que ce soit et que vous teniez la chose secrète, en sorte
» qu'il ne vienne à la connaissance de personne quel est cet homme. »

Le 30 novembre 1693, M. le comte de Pontchartrain donnait à
M. de Bennaux, gouverneur de la Bastille, l'ordre qui suit [4] :

(1) P. 165, vol. 379. Mss. dépôt de la guerre.
(2) *Histoire de France*, 4ᵉ édition, tome XIII, p. 46.
(3) Depping.
(4) Depping, tome II, p. 697.

« M. de la Reynie fera conduire à la Bastille un homme pour la
» sûreté duquel le Roi veut que vous preniez un soin tout parti-
» culier. Pour cet effet, il faut le mettre dans la chambre la plus
» haute que vous ayez, avec deux hommes que M. de la Reynie
» vous dira, empêcher qu'il n'ait communication avec qui que ce
» soit, au dehors ou au dedans. »

Barbezieux prescrit des mesures semblables à M. de la Prade,
commandant la citadelle de Besançon, par son ordre du 17 septembre 1697 [1] :

« L'intention du Roi est que vous ne vous en rapportiez à
» personne de la garde et de la subsistance des prisonniers qui
» sont dans la citadelle de Besançon, lorsque vous ne pourrez en
» prendre soin vous-même, et que vous ne leur laissiez commu-
» nication avec qui que ce soit, de vive voix ou par écrit, sans un
» ordre exprès de Sa Majesté. »

Le 25 février 1686, le père de Hamm, jacobin irlandais, fut
enfermé à la Bastille et y mourut après un séjour de 36 ans. Le
nommé Pierre-Jean Lamierre, entré en 1691 dans la même
forteresse, y fut gardé 30 ans.

Le sieur Isaac-Armet de la Motte, gentilhomme champenois,
enfermé en 1656, y mourut en 1710, après un séjour de 54 ans.

Il y avait à cette époque, en France, outre le donjon de la
Bastille, les prisons d'État de Vincennes, du Mont-Saint-Michel, de
Pierre Cise, Ville-Franche, Bicêtre, la citadelle de Besançon, les
châteaux de Senlis, de Ham, de Saumur, etc. Sous un régime
d'arbitraire, de lettres de cachet, les emprisonnements étaient
nombreux, et souvent il était prescrit d'interdire à certains prisonniers toute communication avec l'extérieur, de sorte que bien
des personnages, dont les noms restent ignorés, ont langui et sont
morts obscurément dans les cachots, sans que l'opinion publique
s'en soit préoccupée.

Il n'en a pas été ainsi pour le Masque de fer, par l'effet de
plusieurs circonstances.

---

(1) P. 135, vol. 1,391. Mss. dépôt de la guerre.

Prison de Pignerol.

Au xvii° siècle, la Bastille et la place-forte de Pignerol jouissaient d'une notoriété générale. La première de ces prisons d'État excitait la curiosité par l'aspect de ses hautes murailles et par son voisinage de la capitale. D'autre part, la place de Pignerol avait de tout temps servi d'objectif aux ambitions de la Cour de France ; en raison de sa situation géographique, de son rapprochement de la frontière, elle était un lieu de passage continuel pour les officiers allant rejoindre l'armée d'Italie ou leurs garnisons à l'intérieur.

L'arrivée de M. de Saint-Mars, de Dartagnan, de prisonniers aussi célèbres que MM. Fouquet et Lauzun devaient accroître la renommée du donjon et susciter des questions au sujet desquelles Saint-Mars écrivait à Louvois, le 12 avril 1670 [1] :

« Il y a des personnes qui sont quelquefois si curieuses à me
» demander des nouvelles de *mon prisonnier*, ou le sujet pourquoi
» on fait tant de retranchements pour sa sûreté, que je suis obligé
» de leur dire des *contes jaunes*, pour me moquer d'eux. »

Premières publications sur le prisonnier masqué.

En 1703, à la mort du prisonnier inconnu de la Bastille, l'attention était éveillée ; les nouveaux venus dans cette prison tels que Voltaire, Constantin de Berneville, Lagrange Chancel, Lenglet Dufresnoy devaient s'en occuper : ils connaissaient heure par heure l'existence du geôlier, M. de Saint-Mars, qui demeurait au dessus d'eux, et s'il y avait eu quelque chose de ce merveilleux, que plus tard les imaginations du xviii° siècle ont voulu faire adopter, ils n'auraient pas manqué d'en parler aussitôt après leur sortie de la forteresse. Ils eussent trouvé des esprits bien préparés : la révocation de l'Edit de Nantes avait rejeté sur les États voisins une population blessée dans ses croyances, ruinée, haineuse, qui accueillait volontiers tout ce que la calomnie pouvait lui rapporter de fâcheux contre la Cour du vieux Roi.

(1) Mss. dépôt de la guerre.

Des écrits et pamphlets étaient répandus de toutes parts à l'Étranger et se vendaient en France au poids de l'or.

De 1695 à 1698, la Gazette d'Amsterdam publia un récit, des observations sur les aventures d'un prisonnier *masqué*, du prisonnier de M. de Saint-Mars.

En 1715 M. Constantin de Berneville fit imprimer à Amsterdam un ouvrage sur la Bastille, dans lequel il parle d'un prisonnier de la tour Bertaudière, logé au-dessus de lui, qu'on lui dit avoir été amené des îles Sainte-Marguerite, où il était condamné à une prison perpétuelle.

On ne s'en occupa plus depuis, jusqu'en 1745, époque où la compagnie des libraires d'Amsterdam publia un petit livre anonyme intitulé : *Mémoires secrets pour servir à l'histoire de Perse*, dans lesquels le bibliophile Jacob a cru reconnaître le style de l'auteur de Candide, et qui, sous la forme de l'apologue, contenaient la première révélation du personnage masqué, dont on faisait un comte de Vermandois.

Ensuite le chevalier de Mouhy publia à la Haye, un mauvais roman, sous le titre de : *Masque de fer ou aventures admirables du père et du fils*. Ce roman, qui ne s'appliquait nullement à l'homme au masque, fut interdit en France, et pour ce motif y eut beaucoup de succès ; par la suite, on appliqua ce nom : *le Masque de fer* au prisonnier dont l'attention se préoccupait ; on en faisait le type d'une victime de la vengeance du roi et des ministres.

Après l'apparition de cet ouvrage et du *Siècle de Louis XIV* par Voltaire, le problème du prisonnier mystérieux devint la question à l'ordre du jour. De 1750 à 1790, brochures, réfutations, articles critiques, lettres et mémoires se succédaient, se bornant à travestir la légende au profit de l'opinion, plus ou moins vraisemblable qui était alors adoptée. Elle se basait sur divers témoignages verbaux, recueillis avec soin.

Témoignages verbaux.

M. Guillaume Louis de Formanoir, de Palteau, premier commis du bureau des vivres, petit-neveu de Saint-Mars, né en 1712, qui avait entendu les récits de l'un de ses cousins, le sieur de Blainvilliers, écrivait, dans sa lettre précitée de 1768, adressée à Fréron :

« Comme il paraît, par la lettre de M. de Sainte-Foix, que
» l'Homme au masque de fer *exerce* toujours l'imagination de nos
» écrivains, je vais vous faire part de ce que je sais de ce prison-
» nier. Il n'était connu aux îles Sainte-Marguerite et à la Bastille
» que sous le nom de : *Latour*. Le gouverneur et les autres officiers
» avaient des égards pour lui ; il obtenait d'eux tout ce qu'ils
» pouvaient accorder à un prisonnier : il se promenait souvent
» ayant un masque sur le visage. Ce n'est que depuis que le *Siècle*
» *de Louis XIV*, par Voltaire, a paru, que j'ai ouï dire que ce
» masque était de fer et à ressorts — peut-être a-t-on oublié de
» me parler de cette circonstance, mais il n'avait ce masque que
» lorsqu'il sortait pour prendre l'air, ou qu'il était obligé de paraître
» devant quelque prince étranger. »

« Le sieur de Blainvilliers, officier d'infanterie, qui avait accès
» chez M. de Saint-Mars, m'a dit plusieurs fois que le sort de
» Latour avait excité, sa curiosité... Il ajoutait qu'il était toujours
» vêtu de brun, qu'on lui donnait de beau linge et des livres, que
» les officiers et le gouverneur restaient devant lui debout et
» découverts, jusqu'à ce qu'il les fît couvrir et asseoir. Qu'ils
» allaient souvent lui tenir compagnie et manger avec lui. »

« Le Père Papon raconte avoir vu un Mémoire fait par un nommé
» Claude Souchon, alors âgé de 79 ans, fils de Jacques Souchon,
» Cadet à la compagnie française des Iles, lequel aurait été
» dans le secret de M. de Saint-Mars, relativement à ce sujet.
» Claude Souchon dit dans ce Mémoire avoir entendu souvent
» raconter par son père et le sieur Favre, aumônier de M. de
» Saint-Mars, que le prisonnier gardé avec tant de soin aux îles
» Sainte-Marguerite, et qu'il appelle le Masque de fer, était un
» envoyé de l'Empereur à la cour de Turin, que le Masque de fer
» mourut neuf ans après aux îles Sainte-Marguerite. »

Il y a confusion, Ce récit s'applique évidemment à l'arrestation
et à la mort de Matthioli.

Le P. Griffon aumônier de la Bastille en 1745 a écrit : « Il n'y a
» nulle apparence qu'il fût obligé de garder son masque quand il
» mangeait seul dans sa chambre en présence de Rosarges ou du

» gouverneur qui le connaissaient parfaitement. Il n'était donc
» obligé de le prendre que lorsqu'il traversait la cour de la Bastille
» pour aller à la messe, afin qu'il ne fût pas reconnu par les senti-
» nelles, ou quand on était obligé de laisser entrer dans la chambre
» quelques hommes de service qui n'étaient pas dans le secret. »

« Pour le nom inscrit à l'église Saint-Paul, il était évidemment
» fabriqué exprès, et par cela il fait juger que ce n'était pas un
» nom véritable. »

M. de la Borde qui a publié le récit de Longuet, lequel fut détenu
fort longtemps à la Bastille, conclut aux faits suivants :

« 1° Le prisonnier portait un masque de velours et non de fer,
» au moins pendant le temps qu'il passa à la Bastille.

» 2° Le gouverneur lui-même le servait et enlevait son linge.

» 3° Quand il allait à la messe, il avait la défense la plus
» expresse de parler et de montrer sa figure ; l'ordre était donné
» aux invalides de tirer sur lui ; leurs fusils étaient chargés à
» balles : aussi avait-il le plus grand soin de se cacher et de se taire.

» 4° Quand il fut mort, on fouilla et brûla tout.

» M. Longuet m'a assuré qu'à la Bastille il y avait encore des
» hommes qui tenaient ces faits de leurs pères, anciens serviteurs
» de la maison. »

D'après Lagrange Chancel, prisonnier aux Iles, en 1718, auteur
des Philippiques, « plusieurs personnes ont raconté que lorsque
» Saint-Mars alla prendre possession de la Bastille, où il conduisit
» ses prisonniers, on entendit le dernier, qui portait son masque
» de fer, dire à son conducteur : Est-ce que le Roi en veut à ma
» vie ? Non, mon Prince, répondit Saint-Mars, votre vie est en
» sûreté ; vous n'avez qu'à vous laisser conduire. »

Voltaire a su de M. Riousse, ancien Commissaire des guerres à
Cannes, témoin de la translation du prisonnier masqué, des détails
en concordance parfaite avec les dispositions prescrites à M. de
Saint-Mars, et de M. le marquis d'Argens, gouverneur de Provence,
l'histoire bien connue d'une assiette sur laquelle le prisonnier avait
écrit ; ce fait est exact, mais s'applique à deux autres prisonniers,
qui étaient aussi détenus à Pignerol.

Tel est l'ensemble et le résumé des témoignages verbaux. On en peut conclure qu'il y avait eu aux Iles, puis à la Bastille, un prisonnier de belle taille, vêtu de brun, surveillé avec une extrême attention par M. de Saint-Mars, portant un masque pendant ses voyages et quand il traversait les cours de la Bastille.

Il y a loin de là au récit de Voltaire transcrit ci-après : « Quelques » mois après la mort de Mazarin, il arriva un événement qui n'a » point d'exemple, et ce qui est non moins étrange, c'est que tous » les historiens l'ont ignoré...

» On envoya dans le plus grand secret, au château de l'île Sainte-» Marguerite, dans la mer de Provence, un prisonnier inconnu, » d'une taille au-dessus de l'ordinaire, jeune et de la figure la plus » belle et la plus noble ; ce prisonnier, dans la route, portait un » masque dont les mentonnières avaient des ressorts d'acier, qui lui » laissaient la liberté de manger avec le masque sur son visage. » On avait ordre de le tuer, s'il se découvrait. Il resta dans l'île, » jusqu'à ce qu'un officier de confiance, nommé Saint-Mars, ayant » été fait gouverneur de la Bastille en 1690, l'alla prendre dans » l'île Sainte-Marguerite et le conduisit à la Bastille, toujours masqué. » Le marquis de Louvois alla le voir dans cette île, avant la trans-» lation et lui parla debout, avec une considération qui tenait du » respect...

» Cet inconnu mourut en 1703 et fut enterré à la paroisse de » Saint-Paul. Ce qui redoubla l'étonnement, c'est que quand on » l'envoya à l'île Sainte-Marguerite, il ne disparut en Europe » aucun personnage considérable. Ce prisonnier l'était sans doute...»

Puis vient l'histoire de l'assiette, sur laquelle le prisonnier avait écrit. Elle fut rapportée par un pêcheur, qui, heureusement pour lui, ne savait pas lire, et ne l'avait montrée à personne.

Ce récit, qui a servi de base aux versions imaginées pendant le xviiie siècle, contient des erreurs semées çà et là parmi des indications généralement exactes.

On n'y avait pas, dans le principe, attaché une grande importance, car Voltaire écrit lui-même, dans sa réponse à La Beaumelle... « M. de Chamillart disait quelquefois, pour se débarrasser » des questions pressantes du dernier maréchal de la Feuillade et

» de M. de Caumartin, que c'était un homme qui avait tous les
» secrets de Fouquet. »

M. Senac de Meilhan, émigré, écrivait à Mayence, à l'âge de
59 ans, au sujet du récit de Voltaire [1] : « Je crois devoir faire pré-
» céder mon sentiment de quelques circonstances. La première est
» ce que me dit en 1754, M. le Dauphin, père de Louis XVI: il
» me parlait un jour de Voltaire et de son amour pour le merveil-
» leux qui discréditait son histoire. L'homme au masque de fer,
» me dit-il, a donné lieu de hasarder bien des conjectures. Je lui
» représentai que ce fait était bien propre à exciter l'imagination :
» je l'ai pensé aussi, me dit le Dauphin, mais le Roi m'a dit deux
» ou trois fois : si vous saviez ce que c'est, vous verriez que cela
» est bien peu important.

» M. le duc de Choiseul m'a dit que le Roi s'était expliqué à ce
» sujet dans les mêmes termes, avec l'air dont on parle de choses
» indifférentes.

» Suivant M. Dufay de l'Yonne, Louis XV aurait également dit à
» M. de la Borde : laissez-les disputer : personne n'a dit encore la
» vérité sur le Masque de fer; et plus tard, il ajoutait : vous voudriez
» que je vous dise quelque chose à ce sujet : ce que vous saurez de
» plus que les autres, c'est que la prison de cet infortuné n'a fait
» de tort qu'à lui. »

Principales hypothèses sur l'identité de l'Homme au masque de fer.

Avant que l'on eût connaissance de ces derniers témoignages
sur le Masque de fer, et, sous l'influence de ceux qui étaient rappelés
dans le récit de Voltaire, les imaginations subissant l'attrait du
merveilleux, en présence du secret gardé par l'autorité, il se produisit mille supositions sur l'identité de ce prisonnier, dans lequel
on a cru reconnaître l'un des personnages désignés ci-après :

1° Le comte de Vermandois, enfermé pour avoir donné un souf-
flet au grand Dauphin.

2° Le duc de Beaufort, disparu au siége de Candie en 1669.

(1) V. 2, p. 369.

3° Le duc de Montmouth, neveu de Jacques II, que le gouvernement français aurait soustrait au supplice.

4° Le comte Girolamo Matthioli, ministre du duc de Mantoue, qui aurait été enlevé en 1679, près de Turin, pour avoir trahi la confiance de Louis XIV.

5° Un fils adultérin d'Anne d'Autriche et de Buckingham ambassadeur d'Angleterre.

6° Le surintendant Fouquet.

7° Un fils d'Anne d'Autriche et de Mazarin.

8° Un frère jumeau de Louis XIV, qu'on aurait fait disparaître pour prévenir la rivalité des deux frères.

9° Enfin, le patriarche arménien Avedick.

Origines, discussion et réfutation de ces hypothèses.

Toutes ces hypothèses, émises successivement par divers écrivains, ont trouvé plus ou moins d'adhérents, bien qu'elles manquent de base sérieuse et que même, les plus vraisemblables d'entre elles soient contredites par des faits établis et par des dépêches officielles.

1° Ainsi l'hypothèse du comte de Vermandois, fils naturel de Louis XIV et de Mlle de la Vallière, fut émise par l'auteur anonyme d'un ouvrage publié en 1745 à Amsterdam. Elle fut ensuite adoptée par Fréron, dans l'année littéraire de 1768 et dans un ouvrage publié en 1789, dont l'auteur est inconnu.

Elle se basait sur le fait que la mort de ce fils, annoncée le 18 novembre 1683, aurait été simulée, que ce jeune homme aurait été envoyé aux îles Sainte-Marguerite et confié à la garde du geôlier Saint-Mars.

En dehors des pièces probantes de ce décès, il suffit de faire remarquer qu'en 1683, Saint-Mars n'était pas aux îles; il n'y est arrivé qu'en 1687. Il avait quitté Pignerol en 1681, et en *1692*, le prisonnier mystérieux était sous sa garde depuis *dix-huit ans.*

2° L'abbé Lenglet Dufresnoy, Lagrange Chancel en 1759 et l'historien Anquetil en 1789, ont soutenu que ce prisonnier était le duc de Beaufort, surnommé le roi des Halles, qui ne serait pas mort le 25 juin 1669, dans l'île de Candie, qu'il aurait été enlevé par crainte de sa popularité et conduit ensuite à l'île Sainte-Marguerite; on se basait sur les égards témoignés au prisonnier par M. de Saint-Mars et sur les dires de ce dernier, un de ses *Contes jaunes*, (p. 378.)

La mort du duc de Beaufort avait été constatée avec certitude, par les récits circonstanciés de ses officiers, et d'ailleurs, en 1669, le gouverneur de l'île Sainte-Marguerite était M. de Guitand, et non M. de Saint-Mars, qui n'y est arrivé qu'en 1687, 18 ans plus tard.

3° La fable relative au duc de Monmouth, neveu de Jacques II, fils de Charles II et de Lucie Walthers, est basée sur la relation du supplice de ce prince, que publia dans le cours de l'année 1768, à Amsterdam, M. de Sainte-Croix, ex-officier de cavalerie. Suivant les dires et les propos d'un chirurgien anglais, nommé Nélaton, on aurait simulé le 16 juillet 1685, la décapitation du duc de Monmouth, à la suite de son débarquement et de sa défaite, et on l'aurait expédié à l'île Sainte-Marguerite, sous la garde de M. de Saint-Mars.

Cette hypothèse n'a trouvé que peu de créance. Elle est contredite par le rapport officiel de l'ambassadeur de France, en date du 16 juillet 1685, lequel fournit des détails tellement circonstanciés sur cette exécution, que sa réalité ne peut pas être mise en doute.

De plus, en 1685, M. de Saint-Mars était, non à l'île Sainte-Marguerite, mais au fort d'Exiles.

4° L'opinion d'après laquelle le prisonnier mystérieux inconnu serait le comte Matthioli, agent du duc de Mantoue, fut émise en 1770 par le baron de Heiss, capitaine en retraite. Elle fut acceptée depuis avec faveur par plusieurs auteurs anglais, par M. Delort, dans son histoire publiée en 1825, par l'historien Depping, par M. Camille Rousset, dans son histoire de Louvois [1], puis par M. Henri Martin [2], et vient enfin d'être soutenue avec talent dans un ouvrage publié en 1870 par M. Marius Topin.

Cependant, l'enlèvement et l'incarcération de ce personnage

---

(1) Tome III, page 112.
(2) 4ᵉ édition, tome XIII, page 45.

avaient été de notoriété publique ; son nom avait été inscrit en toutes lettres dans les dépêches des Commis de la guerre, de la trésorerie et des affaires étrangères. Ainsi, une gazette imprimée à Leyde, au mois d'août 1687, annonçait que : « Matthioli ne resta » pas longtemps à Pignerol, qu'on le transféra aux îles Sainte-» Marguerite. »

L'historien Muratori, dans ses Annales d'Italie, publiées à Milan en 1749, mentionnait cet événement comme *une aventure sans valeur*, ce qui montre qu'il n'y avait pas lieu de mettre un masque sur le visage d'un prisonnier aussi connu, d'en faire l'objet d'une légende.

Le système contraire, adopté par M. Topin, se base sur deux faits :

1° L'arrivée mystérieuse, en 1694, de Matthioli aux îles Sainte-Marguerite, la nécessité du mystère de son incarcération ;

2° Le peu d'importance des autres prisonniers, au nombre de quatre, détenus avec Matthioli à Pignerol, non compris MM. Fouquet et de Lauzun.

Il y en avait un cependant, dans la tour d'en bas, qui avait été annoncé par une lettre de M. de Louvois, du 10 mars 1674, dans les termes ci-après [1] : « Le Roi ayant jugé à propos d'envoyer à » Pignerol un prisonnier, lequel, quoique obscur, *ne laisse pas* » *d'être homme de conséquence.* »

La lettre de Louvois, du 12 mai 1681, citée incomplètement dans l'ouvrage de M. Topin, prescrit à M. de Saint-Mars ce qui suit [2] : « Envoyez-moi un mémoire de tous les prisonniers dont vous êtes » chargé, et marquez-moi, à côté, ce que vous savez, les raisons » pour lesquelles ils ont été arrêtés. A l'égard des deux de la tour » d'en bas, vous n'avez qu'à les marquer de ce nom, sans y mettre » autre chose. »

M. Topin invoque en outre les traces *qu'on trouve à satiété*, des égards qu'on avait pour Matthioli, et qui sont un des traits caractéristique de l'histoire de l'homme au Masque de fer.

On peut juger de ces égards, notamment par les dépêches

---

(1) Dépôt de la guerre, vol. 365. Mss.
(2) Dépôt de la guerre, vol. 654 bis, page 232 et Delort, page 288.

suivantes : Le 16 août 1680, Saint-Mars écrit à M. de Louvois :
« Mattioli a obligé Blainvilliers à lui faire des menaces d'une rude
» discipline, s'il n'était pas sage, » et plus loin, il lui est écrit :
« Faites lui voir le gourdin ; s'il meurt, faites le enterrer comme
» un soldat. »

Le 29 juin 1690, Barbezieux écrivait à Saint-Mars : « Lorsqu'il
» y aura quelques-uns des prisonniers confiés à votre garde qui ne
» feront pas ce que vous leur ordonnerez ou qui feront les mutins,
» vous n'avez qu'à les punir comme vous le jugerez à propos. »

Matthioli était si peu considéré comme le prisonnier le plus
important de M. de Saint-Mars, que le 16 octobre 1681, quand ce
gouverneur se rendit de Pignerol à Exiles, il y emmena deux
prisonniers, ceux de la tour d'en bas, les deux Merles, et en laissa
trois à Pignerol : 1° Eustache Danger ; 2° Matthioli et son valet ;
3° et Dubreuil, qui faisait le fou.

Sur les deux prisonniers que Saint-Mars avait emmenés à Exiles,
l'un d'eux meurt en 1686 ; par suite, quand il se rendit aux îles
Sainte-Marguerite, en avril 1687, il n'avait plus qu'un seul de ses
anciens prisonniers, le Masque de fer.

Plus tard, la forteresse de Pignerol devant être remise au roi de
Piémont, au commencement de 1694, les trois prisonniers d'État
qui s'y trouvaient, savoir : Matthioli et son valet, puis Dubreuil, tous
deux laissés par Saint-Mars, et le sieur de la Herse, entré depuis,
furent transférés aux îles Sainte-Marguerite ; on prit toutes les
dispositions nécessaires pour leur interdire toute communication
avec qui que ce soit. Ils y arrivèrent successivement, du 10 au
17 avril 1694. Matthioli mourait le 28, ce qui est conforme aux
dépositions de M. Formanoir de Palteau, de l'aumônier Favre et
de Jacques Souchon, officier de la compagnie franche.

Le 29 avril, en annonçant cette mort d'un prisonnier, sans en
indiquer le nom, Saint-Mars demandait au ministre ce qu'il devait
faire de *son valet*.

Matthioli, seul des prisonniers d'alors avait un valet, qui a subi le
sort de son maître, par suite de la connaissance qu'il avait eue de
l'affaire de Cosal.

Cet agent italien, incarcéré en 1679, mort en 1694, ne peut donc pas avoir été le prisonnier mystérieux, que Barbezieux signalait en 1692 comme étant sous la garde de M. de Saint-Mars depuis vingt ans, et qui est mort à la Bastille en 1703.

5° Voltaire soutient dans son dictionnaire philosophique de 1771, que l'homme au masque de fer était un fils adultérin d'Anne d'Autriche. Cette opinion fut adoptée en 1789, par un critique anglais, Quentin Crawfurd, et par le savant Millin, dans un mémoire qu'il présenta à l'Assemblée nationale. Elle a été abandonnée depuis, parce qu'elle n'est étayée d'aucune pièce sérieuse, et que les dates n'en concordent pas avec les phases de l'existence de M. de Saint-Mars, le gardien de ce prisonnier.

Un ancien officier de cavalerie, M. Louis de la Roche du Maine, marquis de Luchet, écrivit en 1783, dans le journal des gens du monde, que sous le masque de fer, on avait fait disparaître le fils d'Anne d'Autriche et de Buckingham, ambassadeur d'Angleterre. Cette hypothèse se basait sur la déposition d'une demoiselle de Saint-Quentin, ancienne maîtresse du marquis de Barbezieux, petit-fils de Louvois.

Bien qu'il n'y eût aucune vraisemblance, la thèse fut reprise dans un roman publié en 1804, par M. Régnault Warin, adjoint à l'adjudant général Sionville.

Napoléon s'occupa de cette question et prescrivit au prince de Talleyrand et au duc de Bassano de l'élucider. On y travailla sans réussir, parce que les archives de la guerre et des affaires étrangères n'étant pas classées, il était impossible d'y trouver les indications nécessaires.

6° On a voulu reconnaître sous le Masque de fer le surintendant Fouquet, entré à la prison de Pignerol le 16 janvier 1665.

Un journal intitulé : *Loisirs d'un patriote français*, publiait, dans son numéro du 13 août 1789, un article intitulé : L'homme au masque de fer dévoilé d'après une note trouvée dans les papiers de la Bastille. Il s'agissait d'une carte portant le n° 64,389,000 et la note suivante : « Fouquet arrivant des îles Sainte-Marguerite » avec un masque de fer. » On ne retrouva ni la note, ni le rédacteur de l'article.

C'est cette opinion qu'à voulu faire revivre le bibliophile Jacob, dans un ouvrage publié en 1840.

D'après son système, la mort de Fouquet à Pignerol aurait été simulée, et le surintendant était l'un des deux prisonniers mystérieux, emmenés à Exiles par M. de Saint-Mars.

Cette hypothèse est contredite par les faits, car Fouquet n'avait jamais été un prisonnier mystérieux ; le 20 janvier 1679, Louvois écrivait à Saint-Mars : « Sa Majesté trouve bon que vous meniez » Fouquet et M. de Lauzun dîner chez Mme de Saint-Mars, toutes » les fois que vous le voudrez, quand bien même il y aurait des » étrangers et des officiers de la ville ou de la citadelle, pourvu que » vous connaissiez ces étrangers pour n'être point gens à rien » faire contre le service du Roi. »

D'autres dépêches officielles constatent que l'on donnait toutes facilités à la famille du surintendant, pour le visiter et même pour habiter près de lui.

Fouquet meurt le 23 mars 1680, la nouvelle s'en répand en même temps qu'on reçoit des lettres de la famille ; Mme de Sévigné écrit le 3 avril : « Le pauvre Fouquet est mort ; j'en suis touchée. » Le 8 avril, Louvois écrivait au comte de Vaux, l'un des fils de feu M. Fouquet [1] :

« J'ai parlé au Roi de la permission que Madame votre mère » demande de pouvoir retirer de Pignerol le corps de M. Fouquet, » vous pouvez assurer qu'elle n'y trouvera pas de difficultés et que » Sa Majesté a donné des ordres pour cela. »

Les parents de Fouquet avaient un caveau de famille dans l'église du couvent de Sainte-Marie, grande-rue Sainte-Antoine, à Paris. L'extrait du registre mortuaire de cette église contenait la note suivante : « Le 19 mars 1681, fut inhumé dans notre église, en la » chapelle de Saint-François-de-Sales, messire Nicolas Fouquet. »

Le rapprochement et le concours de la famille ; les détails précis donnés sur l'inhumation de Fouquet, impliquent l'impossibilité de simuler sa mort, pour le maintenir prisonnier.

7° D'après M. Sénac de Meilhan, M. le baron de Veltheim, sur

---

[1] Vol. 640. Mss. dépôt de la guerre.

le vu de lettres de la princesse Palatine, exprimant la pensée qu'il y avait eu un mariage secret entre Anne d'Autriche et Mazarin, en aurait déduit la possibilité d'expliquer par là l'énigme du masque de fer.

C'est cette thèse qui fut développée dans un livre publié par M. de Saint-Mihiel, à Strasbourg, en 1791.

Il invoquait, à l'appui, la concordance du pouvoir de Mazarin, à cette époque, avec l'existence d'un enfant qui serait né de son union avec Anne d'Autriche, les égards de Louvois pour le prisonnier et la non disparition d'aucun personnage notable.

Il ajoutait que le malheureux jeune homme aurait été remis à Saint-Mars peu de temps après la mort de Mazarin. Alors, celui qui est devenu le célèbre geôlier était brigadier de mousquetaires.

Au fond, il n'y a rien de sérieux dans cette supposition basée sur les récits littéraires d'une princesse allemande, en quête de romans pour ses connaissances d'au-delà du Rhin. Une opinion aussi hasardée ne peut être soutenue devant un examen judicieux, en rapport avec l'esprit critique des temps modernes.

8° L'hypothèse du masque de fer cachant la personnalité d'un frère jumeau de Louis XIV, fut émise dans un ouvrage imprimé à Londres, en 1789 et 1793, sous le titre de : Mémoires du cardinal de Richelieu ; il était publié par l'abbé Soulavie, ancien secrétaire du maréchal de Richelieu. La relation de la naissance de cet enfant aurait été faite par le gouverneur de ce prince, lequel était âgé de 19 ans, lorsque des lettres tombées entre ses mains, lui dévoilèrent le secret de son origine ; ce qui motiva la séquestration du prince et du gouverneur.

On attribue à cet ancien geôlier un récit fait en style élégant, alors que ses lettres autographes témoignent de sa profonde ignorance, car il écrivait le 6 janvier 1696 :

« Monseigneur, vous me commandez de vous dire comment l'on
» en *euze* quand je suis *apsent* ou malade, pour les visites journa-
» lières, qui se font journellement aux prisonniers qui sont confiés
» à ma garde.

» Mes deux lieutenants servent à *manjer* aux heures réglées, ainsi
» qu'ils l'ont *vus* pratiquer.

» Le premier *venu* de mes lieutenants *qu'y* prend les clefs de la
» prison de mon *ancien* prisonnier par où on commence..... »

Du reste, le faux le dispute à l'invraisemblable dans cet ouvrage
de Soulavie, qui a été flétri avec son auteur, par M. le duc de
Fronsac, héritier des Richelieu.

Carra se fit, en 1790, l'apôtre de cette explication ; elle fut pré-
conisée, en 1821, par M. Dulaure, dans son histoire de Paris, puis
en 1831, par MM. Fournier et Arnould, dans un drame joué à
l'Odéon, et par Alexandre Dumas, dans le Vicomte de Bragelone,
en 1835, par M. Levasseur, tome III de ses mémoires, ensuite par
les historiens Sismondi et Michelet, et enfin par M. Letourneur, dans
une publication qu'il fit à Nancy en 1849.

Malgré l'autorité des historiens éminents qui adoptèrent cette
opinion, il faut bien reconnaître qu'elle n'a pas de base réelle,
qu'elle est même contredite par les faits, car à l'époque où Saint-
Mars aurait été gouverneur du jeune prince, vers 1656, il était
simple mousquetaire.

9° L'idée suivant laquelle le Masque de fer aurait caché le visage
du patriarche arménien Avédick, avait été connue de Voltaire ; elle
fut soutenue en 1825, dans un ouvrage publié par M. de Taulès.
Elle n'est en rien fondée, car Avédick fut enfermé au Mont-Saint-
Michel, en 1706, et mourut à Paris, le 22 juillet 1711. Il fut enterré
au cimetière de Saint-Sulpice, ainsi qu'il résulte de l'extrait du
registre de l'église de cette paroisse.

M. Loiseleur, par des articles publiés, en 1867 et 1869, dans la
Revue contemporaine, discute les faits établis au sujet du Masque
de fer, écarte les récits fantaisistes, et mentionne l'interprétation
de M. Topin, d'après laquelle Catinat aurait été le dernier prisonnier
mystérieux de Pignerol.

En réalité, ce Général s'était rendu dans la célèbre citadelle le
3 septembre 1681, avec un certain mystère, pour que sa présence
n'y fût pas connue, et pour être en mesure de défendre, en temps
opportun, la place de Casal.

On s'est occupé du Masque de fer dans beaucoup d'autres publications, parmi lesquelles il convient de citer celle qui figure dans

la collection de l'Investigateur [1] et qui fut faite en 1868, par l'un des membres de votre société, M. André de Bellecombe.

Il a eu, dit-il avec raison, moins pour but d'éclairer entièrement un fait historique entouré de mystère et de conjectures, que d'y apporter ses idées personnelles, dont il ne cherche même pas à produire la justification, car il se borne d'abord à rappeler sommairement les notes inscrites par du Jonca, les traditions orales qui ont été recueillies, et les hypothèses auxquelles elles ont donné lieu.

Puis il trouve que le baron d'Heim, en indiquant Matthioli, lui parait être le plus près de la vérité [2], comme s'il pouvait y avoir des degrés d'approximation pour un fait de cette nature, pour l'identité d'un détenu, tandis qu'en réalité, l'erreur ou l'exactitude est *absolue*, sans qu'entre les deux il y ait d'intermédiaires possibles.

Plus loin, l'auteur écrit que ce prisonnier inconnu peut être le produit supprimé de l'adultère de l'une des deux reines d'Espagne, dont la première, Marie-Louise d'Orléans, nièce de Louis XIV, fut mariée à Charles II, en 1679, et mourut empoisonnée en 1689, et dont l'autre, Marie-Anne de Bavière-Neubourg, fut ensuite épousée en seconde noce par ce même roi d'Espagne.

Pour émettre de semblables idées, assignant à la naissance du prisonnier mystérieux une date forcément postérieure à l'année 1679, il fallait ignorer la lettre de Barbezieux qui, en 1692, parlait à Saint-Mars de son prisonnier d'*il y a vingt ans*.

Du reste, M. de Bellecombe ne paraît pas attacher une importance sérieuse à ses propres hypothèses, car il finit par conclure qu'on doit repousser l'attribution de grands égards, celle du masque de velours, ainsi que toutes les versions basées sur ces données, tendant à faire de Matthioli un grand personnage, et que les commenntaires du Père Griffet, du chevalier de Mouhy, de Voltaire et de M. de Palteau sont une grande mystification.

De sorte que M. de Bellecombe après avoir admis l'existence d'un prisonnier mystérieux et présenté plusieurs solutions les repousse toutes.

(1) Journal de l'Institut historique, année 1868, page 161.
(2)   Id.   id.   page 165.
(3)   Id.   id.   page 171.

NOUVELLE SOLUTION.

M. le colonel Jung en a proposé une, qu'il justifie par des arguments plausibles et par sa concordance avec les lettres et dépêches officielles en grand nombre, qu'il a pu consulter dans les archives de la Guerre.

Il y est établi, en ce qui concerne M. de Saint-Mars, dont l'histoire est intimement liée à celle du Masque de fer, que ce geôlier resta à Pignerol de janvier 1665 au 25 avril 1681, époque de son départ pour Exiles ; qu'il eut, dans la première de ces forteresses, trente-sept prisonniers ; qu'en la quittant il y laissa trois détenus, Eustache Dauger, Matthioli et son valet, et le sieur Dubreuil ; qu'il en emmena deux à Exiles, ceux qui étaient désignés sous le titre de la tour d'en bas. Plus tard, quand il fut appelé à l'île Sainte-Marguerite, il y conduisit, le 30 avril 1687, le seul des deux prisonniers, transférés en 1681 de Pignerol à Exiles, qui vivait encore ; l'autre, devenu hydropique, était mort le 4 janvier 1687.

Depuis le 25 avril 1681 jusqu'au moment de l'évacuation de Pignerol, on reçut dans cette place treize prisonniers, dont douze sortirent successivement ; il n'y restait, en dernier lieu, que le sieur de la Herse, entré le 22 août 1687 ; il y avait pour compagnons de captivité, Matthioli avec son valet et Dubreuil. Le troisième des prisonniers d'État laissés par Saint-Mars, le nommé Eustache Dauger, était mort en janvier 1694, comme l'avait annoncé une lettre d'avis qui le désignait suffisamment par la mention de : plus ancien prisonnier de Pignerol.

Les trois prisonniers, Matthioli avec son valet, Dubreuil et de la Herse furent envoyés, en avril 1694, avec les plus grandes précautions, à l'île Sainte-Marguerite, sous la garde de M. de Saint-Mars, qui reçut, en outre, onze autres prisonniers, du 30 avril 1687 au 8 avril 1698, pendant qu'il fut gouverneur de cette prison.

Les diverses dépêches font connaître les noms et l'identité de tous ces détenus, excepté d'un seul, de l'homme qui a été emmené par M. de Saint-Mars de Pignerol à Exiles, d'Exiles à l'île Sainte-Marguerite, et enfin à la Bastille, c'est-à-dire de l'homme au masque de fer.

Son identité paraît devoir ressortir de certains incidents qui se rapportent à son arrestation, à son existence, à son décès, et qui sont constatés par des dépêches dont la concordance permet de résoudre la question historique.

La lettre précitée d'août 1691, de Barbezieux à Saint-Mars, qui est relative à son prisonnier *d'il y a vingt ans*, ne pouvait désigner que le seul détenu amené d'Exiles à l'île Sainte-Marguerite. On est, en conséquence, conduit à rechercher s'il y avait eu, vers 1672, des incarcérations mystérieuses à Pignerol, si des événements particuliers survenus à cette époque, avaient pu décider les Ministres à faire arrêter et détenir un grand coupable.

Un seul répond à cette condition : c'est le prisonnier que Louvois a fait diriger sur Pignerol, en 1674. Il avait été arrêté aux environs de Péronne, à une époque où des conspirations contre la vie du Roi se tramaient de divers côtés, où des crimes effroyables avaient excité une vive émotion.

Il y avait alors, en France, une sorte d'inquiétude générale, qui résultait de l'état précaire de la noblesse, de son mécontentement, de son ambition. Les ministres Le Tellier et Louvois s'étaient efforcés vainement de faire dévier cette impatience des esprits.

État des esprits. — Empoisonnemets. — Conspirations.

De nombreux mécontents se groupaient en Angoumois, en Languedoc, en Normandie et dans la capitale ; ils étaient excités par la soif de l'or, la recherche des jouissances, et, pour y parvenir, avaient recours au crime, à l'empoisonnement.

Exili, le Comte Gounor, Sainte-Croix, Latréaumont étaient à Londres ; Paul de Sardan voyageait ; sur divers points des hommes entreprenants, à l'esprit aventureux, s'agitaient, se concertaient.

C'est au milieu de ce dédale de passions inassouvies, de complots politiques, qu'il faut chercher la trace de bien des événements.

Il s'en produisit, en France, de très graves, à des dates assez rapprochées. Roux de Marsilly avait été condamné, le 30 juin 1669, à être roué vif, par suite d'une révolte fomentée en Normandie.

Madame Henriette d'Angleterre, après avoir obtenu du roi

Charles II, son frère, l'abandon de la ligue formée contre la France, mourut presque subitement, à l'âge de 26 ans, le 30 juin 1670, avec des circonstances telles que des Anglais crurent au poison.

M. de Lyonne qui, le 16 juillet 1671, avait fait enfermer sa femme dans un couvent, à cause de sa vie déréglée, tombait en léthargie le 27 août et mourait le 2 septembre suivant. Madame de Lyonne avait des relations suivies avec les complices de la Brinvilliers, la Voisin, liée avec Sainte-Croix, Penautier, ex-commis des finances, qui, par suite de la mort subite de son beau-père et de ses associés, se trouva possesseur d'une grande fortune et Dubreuil, dit Samson, employé successivement chez Sainte-Croix et Penautier.

On peut citer également Olympe Mancini, comtesse de Soissons, dont le mari, après une maladie de trois jours, fut surpris par un accident mortel ; elle gagnait par là, avec sa liberté, une énorme fortune, plus de deux millions, prix de la charge de Colonel général des Suisses, qu'avait possédée le Comte de Soissons. Elle figurait, à côté d'empoisonneuses notoires, parmi les accusés traduits devant la chambre ardente.

Nallot, trésorier général de l'Ordre de Saint-Lazare, serviteur dévoué de Louvois, qui avait contribué à la découverte d'une conspiration, aux poursuites exercées contre la Brinvilliers et à l'inventaire des objets laissés par Sainte-Croix, mourut *subitement*, le 16 juillet 1673. Une cassette qu'il avait laissée fut réclamée par Louvois, auquel Madame Daubray, sœur de Nallot, écrivit : « Mon frère, » avant de mourir, m'a informée de l'affaire, sachant bien que je » sais me taire quand il faut. » [1]

Sardan, ancien receveur des tailles au Puy, après avoir enlevé les fonds et s'être sauvé en Flandre, où il rejoignit Penautier, ledit sieur d'Oldendorf et La Tréaumont, avait conclu, en avril et juillet 1674, avec le prince d'Orange et le marquis Castel-Rodrigo, des traités pour faire soulever la Provence. Louvois en fut informé par la saisie des papiers du sieur d'Oldendorf et de l'abbé du Colombier.

En 1674, il se tramait, en outre, une vaste conspiration, dans le but de livrer certains ports de la France à la flotte hollandaise. Ces

(1) Vol. 361, Mss. Dépôt de la Guerre.

menées furent découvertes, et par suite le chevalier de Rohan fut conduit à la Bastille, le 11 septembre 1674.

Le 12, La Tréaumont fut tué par un exempt chargé de l'arrêter. Il était perdu de dettes, avait les qualités d'un conspirateur, d'un chef de bande. Dans ses voyages continuels, il s'était abouché avec les d'Oldendorf, Chasteuil, Gounor et Sardan.

L'affaire prit de tels développements, pendant l'instruction commencée par La Reynie, qu'on s'empressa de les circonscrire ; il y aurait eu trop de gens compromis.

L'empoisonnement du duc de Savoie, Emmanuel II, survenu le 12 juin 1675, provoqua des recherches qui firent dévoiler tout un monde d'empoisonneurs. Leur procès, qui se déroula devant la chambre ardente, montra que la plaie était trop profonde pour qu'il fût opportun de la sonder complètement. Il y eut des exemples sévères. Sur 286 accusés principaux, 36 périrent par la corde ou autrement, et l'on fit disparaître les individus les plus compromis.

La veuve du sieur de Lagrange, exécutée le 25 février 1679, donna des renseignements détaillés sur les complots dirigés contre la vie du Roi.

Les gazettes ne parlèrent de rien ; tout se fit sans éclat. Le mal fut à peine enrayé. Après, en 1681, il y eut la mort presque subite de Mademoiselle de Fontanges ; en 1689, celle de la princesse Marie-Louise, fille de Madame Henriette, mariée en 1679 au roi d'Espagne.

Plus tard, Louis XIV vit s'éteindre mystérieusement les membres de sa famille qui lui étaient le plus chers ; l'enfant, qui devait être Louis XV, ne fut sauvé que grâce au contre-poison donné par sa gouvernante.

Parmi les coupables de tous ces crimes, beaucoup échappèrent à la justice ; d'autres, comme l'anglais Gounor, le capitaine de Sainte-Croix, le marquis de Chasteuil, La Tréaumont, Castel major, et le baron d'Oldendorf, qui paraît être devenu l'homme au masque de fer, furent plus ou moins atteints.

Conspiration contre la vie du Roi. — Arrestation du chef de bande.

Louvois ne cessait de veiller ; il entretenait partout les correspondances les plus secrètes ; il avait empêché, en 1672, l'exécution d'un attentat contre la vie du Roi, et l'avait mis au courant des complots qui se tramaient sur divers points de la France, de concert avec les Hollandais et les Espagnols ; il fit enlever, aux frontières, des courriers d'Espagne.

Le 14 septembre 1672, Louis XIV prescrivit *lui-même* de surveiller La Tréaumont, nouvellement arrivé au Hâvre.

En 1673, on exerçait une surveillance rigoureuse à Versailles, à Saint-Germain, et partout sur le passage du Roi, afin de déjouer les trames d'une vaste conspiration ourdie dans le but d'attenter à ses jours.

Le Tellier et Louvois s'efforçaient de faire arrêter un des chefs de l'entreprise, et de pénétrer ainsi des secrets de nature à leur permettre d'en finir avec les cabales dirigées contre eux par certains personnages de la Cour.

L'avis d'une conspiration ayant été donné par M. le baron d'Aspres, chef des États de Zélande, Louvois considérait comme dangereux MM. de Molina, de Licosala, Van Buninghen, Van Brulen et le marquis de Grave. Il avait chargé un de ses agents, le père Hyacinthe, de l'Ordre des Récollets d'Arras, d'envoyer secrètement à la cour un gentilhomme hollandais, pour avoir des renseignements sur la conspiration et sur son chef, qui se trouvait alors à Bruxelles, qui était lorrain, ancien capitaine dans les troupes de l'Empire, devenu mestre de camp au service du duc de Lorraine. Il se faisait appeler, suivant les pays, chevalier de Kiffenbach, chevalier des Harmoises, baron d'Oldendorf ; il était fort instruit, parlait plusieurs langues. Le père Hyacinthe, chargé de le faire épier à Bruxelles, ayant annoncé que ce chef devait se rendre en France très prochainement, un ordre d'arrestation fut établi en conséquence.

« Le 22 mars 1673, le père Hyacinthe écrivait au Ministre [1] :
» Celui que j'ai envoyé à Bruxelles pour observer la personne qui
» est le chef de la bande, qui a le dessein d'attenter sur la personne
» du Roi, m'a écrit le 19 qu'il a trouvé cet homme et est logé avec
» lui… Il me mande aussi qu'il est fort libéral et qu'il y a des
» personnes de condition qui le viennent voir souvent, et que ce

(1) P. 195, v. 333, Mss. Dépôt de la Guerre.

» sont des étrangers qu'il n'a encore su connaître, mais qu'il a
» bien connu un député de Hollande, qui a été le 18 environ quatre
» heures seul dans sa chambre. »

Le 31, il ajoute : « Celui que j'ai envoyé à Bruxelles m'a mandé
» que le chef de bande est parti le 27 de ce mois... fort secrète-
» ment, et il n'a jamais dit où il allait, ni quand il partirait, mais
» il a quelquefois dit qu'il allait lever un régiment de cavalerie. Le
» jour d'avant son départ, il a eu une fort longue conférence avec
» le député de Hollande. [1] »

Louvois, ainsi prévenu, avait prescrit d'arrêter les voyageurs
suspects. Beauregard, lieutenant du Roi, commandant à Péronne
et chargé, par suite, de surveiller les passages de la Somme, écrivait
le 27 mars au Ministre :

« . . . J'ai promis une récompense de grande considération à
» ceux qui arrêteraient un de ceux que nous cherchons, et parti-
» culièrement le chef, dont j'ai donné le portrait comme il m'a été
» envoyé.

« Je souhaite que Dieu me fasse la grâce de me rendre maître de
» ce chef des exécrables, pour rendre ce service important à Sa
» Majesté. »

Ce chef de conspiration fut arrêté le 29 mars, au passage de la
Somme. Le 10 avril, le Père Hyacinthe écrivait au Ministre :
« Quand le gentilhomme m'est venu me donner en personne les
» avis, le 29 du mois passé, prévoyant bien que ce détestable chef
» sortirait bientôt de Bruxelles, je lui demandai si l'homme qu'il
» avait envoyé pour l'observer pourrait venir en cour, *car connais-*
» *sant de vue ce misérable et les trois personnes de sa suite*, il ne
» pourrait pas paraître à la cour sans être reconnu de lui, et que
» ce serait un moyen infaillible pour conserver la personne sacrée
» du Roi. [2] »

Le 8 avril, Louvois lui écrivait : « Je vous ai mandé d'envoyer
» ici l'homme du gentilhomme qui connaît le malheureux chef, pour
» voir si celui qui est arrêté à Péronne est lui. »

Louvois, lui-même, l'avait interrogé à la Bastille, et le 7 avril,

____

(1) P. 280, v. 333, Mss. Dépôt de la Guerre.
(2) P. 34, vol. 235,   id.

il disait à M. Méthelet « l'on a arrêté, à Péronne, un homme appelé
» Louis de Oldendorf, qui se dit de Nimègue. »

Plus tard, ce Ministre examine, à Péronne, le coffre du sieur de
Oldendorf, rapporté de Bruxelles par un envoyé de Beauregard, et
après avoir entendu les rapports de ce dernier, ceux du Père
Hyacinthe et du gentilhomme, il écrit à M. de Besmaux, gouverneur
de la Bastille, le 10 mai 1673 :

« Il est de la dernière conséquence que l'on continue à ne savoir
» point ce qu'est devenu le sieur de Froid... que le sieur Legrain a
» amené à la Bastille. » Il prescrit de laisser son nom en blanc. [1]

Le 18 mai, il recommande de garder toujours l'homme... avec la
même sévérité, et le 2 juillet, il fait remettre une gratification à
Vimbois, pour avoir trouvé le chiffre des dépêches contenues dans
le coffre du sieur de Oldendorf [2].

Après avoir épuisé à son égard tous les moyens possibles d'inves-
tigation, et à son retour de la campagne de Hollande, Louvois fait
conduire de la Bastille à Pignerol, « un prisonnier qui, *quoique
obscur ne laisse pas d'être homme de conséquence.* » Il prescrit de
le traiter de la même manière qu'un autre prisonnier amené déjà
par M. de Vanoy (le nommé Eustache Dauger, arrêté le 24
juillet 1669 et mort en janvier 1694), c'est-à-dire de le tenir sous
bonne et sûre garde, empêchant qu'il n'ait des communications
avec qui que ce soit [3].

Il semble que ce prisonnier, envoyé le 10 mars 1674 de la Bastille à
Pignerol, ne pouvait être un autre que le sieur Oldendorf, car, à son
sujet, Louvois écrivait le 1er février précédent, au Père Hyacinthe : [4]

« J'ai vu par vos deux lettres les derniers avis que vous a donnés
» le gentilhomme ; on en tirera tout ce qui pourra être utile au
» service du Roi, et il est bon d'entretenir toujours quelque com-
» merce avec lui. »

Il avait fait mettre en liberté les autres prisonniers arrêtés près
de Péronne, avec Oldendorf ; il envoyait sous la garde de Saint-

<hr>

(1) P. 196, vol. 360, Mss. Dépôt de la Guerre.
(2) P. 28, vol. 305. Dépôt de la Guerre.
(3) P. 274, vol. 234.   Id.
(4) P. 1, vol. 364.   Id.

Mars, le plus parfait des geôliers, le chef de la conspiration, dont il avait saisi les fils par la découverte de papiers importants qui lui avaient permis de rendre au Roi le plus signalé des services. Sa faveur, ébranlée avant, se consolida par l'effet d'un revirement inattendu, comme en témoignait le bon accueil qu'il reçut de Condé et de plusieurs autres grands personnages, informés peut-être qu'il avait de quoi les compromettre et même les perdre.

Le Ministre, suivant son habitude, recommande de traiter durement le prisonnier dirigé de la Bastille sur Pignerol, où il arriva le 6 avril 1674 [1].

Envoi d'un prisonnier de la Bastille à Pignerol.

Le donjon de cette place avait alors son complet de prisonniers. Il y existait cinq tours, dont une, au Nord, était affectée à la chapelle. La seconde, au Nord, était occupée par MM. Fouquet et Lauzun. Dans celle du milieu, dite tour d'en bas, n'ayant de vue que sur les cours intérieures se trouvait Eustache Dauger. La quatrième était comprise dans l'appartement du lieutenant du Roi, et la cinquième comprenait des logements d'officiers, près desquels se trouvaient aussi des chambres servant de prisons, consacrées naturellement aux détenus pour lesquels il n'était pas prescrit d'empêcher toute communication avec le personnel ou les étrangers. D'ailleurs ces dernières chambres étaient occupées au moment de l'arrivée du prisonnier de Péronne, qui dut être, en conséquence, installé dans l'une des deux prisons de la tour d'en bas.

Dauger, qui était dans l'autre, en sortit, d'après un ordre du 31 juillet 1675, pour devenir le valet de Fouquet [2].

Plus tard, cette dernière prison fut occupée par le moine jacobin qui s'y trouvait le 7 septembre 1680, époque à laquelle Saint-Mars écrivit au Ministre :

« Depuis que Monseigneur m'a permis de mettre Matthioli avec le » jacobin, dans la tour d'en bas... [3] »

Dès l'année 1676, ce religieux jacobin était dans la tour d'en bas,

(1) P. 397, vol. 345. Mss. Dépôt de la Guerre.
(2) P. 398, vol. 345. Mss. Dépôt de la Guerre.
(3) Archives nationales. K. 129, et p. 309, vol. 645. Dépôt de la Guerre.

en premier lieu avec Dubreuil, car le 13 janvier 1677, Louvois écrivait à Saint-Mars : « Puisque la menace que vous avez faite au » prisonnier qui est avec Dubreuil, l'a rendu sage... »

Ce dernier s'étant plaint vivement de ce voisinage, on le changea de prison, sur un ordre du Ministre donné le 21 février 1677.

Plus tard, le 3 mai 1679, Catinat écrivait à Louvois : « A son » arrivée, Mattioli a été mis dans la chambre qu'occupait Dubreuil. »

Le religieux jacobin était donc dans la tour d'en bas à l'arrivée de Dubreuil [1].

Le 23 novembre 1676, Louvois avait écrit à Saint-Mars : « Je vous » prie de me mander qui est logé avec le sieur Dubreuil, que vous » dites qui est si fol, me marquant son nom et celui par qui il a » été amené. »

On lui donne les renseignements demandés. Il répond le 23 décembre : « J'ai reçu votre lettre du 8 décembre, par laquelle j'ai » bien compris quel est le prisonnier qui est avec le sieur Dubreuil. »

A cette date, s'il n'y avait eu dans les prisons de Pignerol que Fouquet, Lauzun et Eustache Dauger, l'incertitude de Louvois n'aurait pas été possible ; ces prisonniers lui étaient désignés nominativement. Il s'était occupé beaucoup aussi du prisonnier amené par Legrain, en 1674, qui avait été arrêté près de Péronne.

Pour qu'il pût écrire, *marquez-moi son nom*, il fallait qu'il y eût dualité dans son esprit. Or, en 1680, il existait deux prisonniers de la tour d'en bas : l'un était le moine jacobin, l'autre l'inconnu. C'était donc de ce dernier que provenait la confusion avec le moine, puisque le 26 octobre 1680, le geôlier écrivait [2] : « Lorsqu'on a » mis Matthioli dans la tour d'en bas, j'ai chargé Blainvilliers de lui » dire, en lui montrant un gourdin.... »

Le 10 juillet 1680, Louvois écrivait à Saint-Mars : « Il suffira de » faire confesser une fois par an les habitants de la tour d'en bas [3]. » Il y en avait donc deux ? Le moine jacobin et le Masque de fer.

Le prisonnier de la tour d'en bas est l'homme au masque de fer.

En juin 1681, Saint-Mars mandait à M. l'abbé d'Estrades, chargé d'affaires de France à Turin, en lui annonçant son départ pour Exiles : « J'aurai en garde deux merles que j'ai à Pignerol, qui » n'ont pas d'autre nom que : *MM. de la tour d'en bas.* Matthioli » restera ici avec deux autres prisonniers [1]. »

En effet, le Ministre lui avait écrit le 9 juin 1681 : « L'intention » de Sa Majesté est qu'aussitôt que le lieu que vous aurez jugé » propre, audit Exiles, pour garder *sûrement vos deux prisonniers* » *de la tour d'en bas,* vous les lassiez sortir de la citadelle de » Pignerol, dans une litière [2]. »

Le 9 octobre 1686, Louvois écrivait à Saint-Mars : « J'ai reçu la » lettre que vous m'avez écrite le 26 du mois passé, qui ne désire » pas de réponse que pour lui dire que vous auriez dû me nommer » quel est celui de vos deux prisonniers qui devient hydropique [3]. »

Le 3 novembre, il ajoutait : « Il est juste de faire confesser celui » de vos deux prisonniers qui devient hydropique, lorsque vous » verrez l'approche d'une mort prochaine... »

Le 5 janvier 1687, Saint-Mars annonçait la mort de l'un de ses deux prisonniers ; ce ne pouvait être que celle du moine jacobin, qui avait été malade en 1686, qui se distinguait dans sa manière d'être avec le geôlier, par ses colères au début de sa captivité, tandis que son voisin de cellule avait toujours été calme et placide pendant ses vingt-cinq ans de captivité, d'autant plus que l'acte de décès, dressé plus tard pour ce dernier, et les notes du greffier du Junka ne permettent pas de confusion.

Le Masque de fer à Exiles et aux îles Sainte-Marguerite.

Saint-Mars partant d'Exiles le 17 avril 1687, pour se rendre à l'île Sainte-Marguerite, emmène son prisonnier qu'il fait transporter dans une chaise à porteur, de manière à lui interdire toute communication avec qui que ce soit, et à faire dire ou supposer qu'il est le duc de Beaufort ou le fils de Cromwel.

Barbezieux, en écrivant à Saint-Mars, le 13 août 1692, comme il a été dit déjà : « Lorsque vous aurez quelque chose à me mander

(1) Ravaisson, 25 juin 1681.
(2) Delort, p. 269.
(3) P. 364, vol. 661. Mss. Dépôt de la Guerre.

» du prisonnier qui est sous votre garde *depuis vingt ans*, je vous
» prie d'user des mêmes précautions que vous faisiez quand vous
» les donniez à Monsieur de Louvois, » ne pouvait désigner que le
sieur Oldendorf, de Marchiel, arrêté en 1673, et remis à Saint-Mars
en 1674, dix-huit ans auparavant, *le seul* qui fût dans ces conditions.

Matthioli et les deux autres prisonniers d'État restant à Pignerol
furent envoyés aux îles Sainte-Marguerite, en vertu d'un ordre du
20 mars 1694, adressé par M. de Barbezieux à M. de la Prade,
gouverneur de Pignerol. Cet ordre était conçu comme il suit [1] :

« Le roi ayant résolu de transférer aux îles Sainte-Marguerite,
» en Provence, aux ordres de Monsieur de Saint-Mars, les trois
» prisonniers d'État, qui sont à votre garde, dans le donjon de la
» citadelle de Pignerol, Sa Majesté m'a ordonné de vous écrire
» qu'elle vous a choisi pour les conduire, les uns après les autres,
» c'est-à-dire que quand vous en aurez remis un, vous reviendrez
» en prendre un autre.

« Vous savez de quelle conséquence il est que ces gens ne parlent
à personne pendant la route ; le roi vous recommande d'y tenir
» régulièrement la main. »

Le Masque de fer à la Bastille.

Le 19 juillet 1698, Saint-Mars reçut l'ordre de partir des îles
Sainte-Marguerite pour se rendre à la Bastille, dont il était nommé
gouverneur ; il devait y emmener son ancien prisonnier, en prenant
toutes les précautions, de manière qu'il ne fût vu ni connu de
personne.

Leur arrivée à la Bastille fut constatée sur le registre d'écrou de
du Junka, dans les termes ci-après :

« Jeudi 18 septembre 1698, à trois heures après-midi, M. de
» Saint-Mars, gouverneur de la Bastille, est arrivé pour sa première
» entrée, venant des îles Sainte-Marguerite et Saint-Honorat, ayant
» mené avec lui, dans sa litière, un ancien prisonnier qu'il avait à
» Pignerol, dont le nom ne se dit pas, lequel on fait tenir toujours
» masqué. »

(1) P. 290, vol. 1713. Mss. Dépôt de la Guerre.

Ce malheureux était donc retourné à la Bastille, vingt ans après en être sorti. Enfermé de nouveau dans la troisième chambre de la tour Bertaudière, il y fut confié à la surveillance de ses gardiens habituels, le major de Rosarges et le porte-clefs Ru.

On le faisait masquer quand il traversait les cours, pour empêcher, sans doute, qu'il ne fût reconnu par ceux qui l'avaient vu lors de son premier séjour à la Bastille, et pour se conformer à la consigne qui prescrivait de le tenir au secret le plus absolu. Il était traité avec plus d'égards que les autres prisonniers, par l'effet naturel de l'ancienneté de ses relations avec ses gardiens.

Ce détenu, dont les vicissitudes sont ainsi bien tracées, dont l'individualité est bien authentique, succomba le 18 novembre 1703. — Son décès fut constaté, sur le journal du lieutenant du Roi du Junka, dans les termes ci-après :

« Du même jour lundi, 19e de novembre, le prisonnier inconnu » toujours masqué d'un masque de velours noir, que Mr de Saint- » Mars a amené *avecque* lui, en venant des îles Sainte-Marguerite, » qu'il *gardet* depuis longtemps, lequel s'étant trouvé hier un peu » mal, en sortant de la messe, il est mort cejourd'hui, sur les » dix heures du soir, sans avoir eu grande maladie ; il avait » quarante-cinq ans.

« Et le prisonnier inconnu, gardé depuis si longtemps, a été » enterré le *mardy*, à quatre heures de l'après-midi, 20e novembre, » dans le *semetière* de Saint Paul, notre paroisse. Sur le registre » mortuel, on a donné un nom aussi inconnu, que Mr Rosarges, » major, et Mr Reilh, *sirurgien*, qui ont signé sur le registre. »

« Je *apris* du depuis qu'on l'avait *nomé* sur le registre de Marchiel, » que l'on a *paié* 40 livres *d'enterement*. »

Il est vraisemblable que ce prisonnier étant mort, lorsque l'intérêt attaché à sa personnalité eut disparu, Saint-Mars n'aura plus fait un mystère d'un nom que lui seul connaissait.

Ainsi se trouverait porté sur le registre d'écrou le nom véritable de l'homme que la légende et la brillante imagination des écrivains du xviiie siècle avaient, faute de documents officiels, paré de curieuses hypothèses, accueillies avec faveur par un public fort crédule.

De tous les prisonniers qu'a eus M. de Saint-Mars, et que l'on connaît sans exception, de Marchiel paraît être le seul qui réponde aux nécessités de temps et de circonstances que révèle l'examen des documents officiels. Il était un agent de personnages puissants et fut convaincu du crime de lèse-majesté. Sa mise en jugement eût rendu nécessaire l'intervention de gens que la justice n'était pas alors en mesure d'atteindre avec efficacité.

Le Tellier et Louvois tenaient à le punir, à le mettre hors d'état de poursuivre ses desseins, mais non à divulguer les mesures arbitraires dont il fut l'objet ; aussi, les dépenses faites pour son entretien furent-elles payées sur états spéciaux ; il était traité à raison de 4 fr. par jour, alors qu'on avait alloué une somme de 40,000 fr. par an pour Fouquet, et une somme peu différente pour Lauzun, ce qui montrerait que le prisonnier mystérieux n'était pas considéré comme un grand personnage.

Depuis le jour de son arrestation, il n'a été vu que par :

MM. de Lépine Beauregard, lieutenant du Roi, à Péronne ;

      Legrain, prévôt général de la connétablie et maréchaussée de France ;

      Besmaux de Montlesun, gouverneur de la Bastille, et son geôlier, d'avril 1673 à mars 1674 ;

      les Ministres Le Tellier et Louvois ;

      de Saint-Mars et ses lieutenants de la Prade et de Rosarges ;

      et par le porte-clefs Ru.

« A part ces personnes, nulle âme au monde, dit Saint-Mars, ne » peut se vanter d'avoir vu ce prisonnier et d'avoir parlé avec lui. »

Le nom de *Marchiel*, inscrit sur le registre mortuaire, paraît être, pour M. Marius Topin, une altération de celui de Matthioli, l'agent du duc de Mantoue. Il a été dit pourquoi cette interprétation n'est pas admissible. Il est plus logique de rechercher si ce nom un peu défiguré par l'orthographe de du Junka, n'était pas en concordance avec celui d'une famille connue en Lorraine, à la fin du xviie siècle.

Louvois, le Père Hyacinthe, le baron d'Aisne, le baron d'Aspres assuraient que ce chef de conspiration prenait volontiers le titre de chevalier des Harmoises.

Les hommes qui pouvaient être désignés par ces indications ne manquent pas ; elles paraissent s'appliquer au descendant ou au bâtard de l'une des familles Marcheuille, Marchienne, Mareschal, anoblies dans le xvii° siècle, et qui étaient alliées à la famille des Harmoises, laquelle se divisait en quatre branches.

Ainsi disparaît le merveilleux qui n'existait déjà plus après l'examen attentif des faits criminels qui se sont produits, des conspirations qui ont été tramées contre la France et la vie de Louis XIV, pendant la deuxième moitié du xvii° siècle.

CONCLUSIONS.

Ces considérations exposées avec de grands développements, par M. le colonel Jung, établissent bien :

1° Que toutes les explications données, toutes les suppositions faites avant lui, sur l'identité du Masque de fer, sont purement imaginaires, contredites par les dépêches officielles et par les faits authentiques.

2° Que ce personnage n'avait jamais eu l'une de ces hautes positions sociales que certains publicistes lui avaient attribuées.

3° Et que, suivant toute probabilité, il était bien le chef de bande, le conspirateur lorrain arrêté à Péronne, le 27 mars 1673.

Il faut reconnaître toutefois que les documents cités, que ceux très nombreux dont M. le colonel Jung a pu obtenir la communication, laissent subsister une lacune, et, par suite, une cause d'incertitude.

S'il est établi que l'homme au masque de fer, celui qui est mort à la Bastille, en 1703, après être resté trente ans sous la garde de Saint-Mars, qui fut inscrit sur le registre mortuaire avec le nom de Marchiel, est l'un des deux prisonniers de la tour d'en bas, à Pignerol, il ne paraît pas entièrement prouvé que ce dernier soit le chef de bande arrêté à Péronne et enfermé à la Bastille, que le sieur Oldendorf n'en soit pas sorti pour recevoir une autre destination, ou qu'il n'y soit pas mort obscurément, comme tant d'autres.

Le prisonnier envoyé de la Bastille à Pignerol, le 10 mars 1674, ne pourrait-il pas être un autre que le chef de bande, un détenu qui serait entré à la Bastille, avant ou après, et dont on aurait tenu davantage encore à ne pas laisser connaître l'identité.

Elle ne serait alors révélée que par la mention inscrite sur le

registre de du Junka, laquelle n'a peut-être pas une autorité suffisante, car, comme il est dit dans l'ouvrage intitulé : *La Bastille
dévoilée*, « Le Ministre n'aime pas que les gens connus meurent à
» la Bastille ; si un prisonnier meurt, on le fait inhumer à la paroisse
» Saint-Paul, sous le nom d'un domestique, et le mensonge est écrit
» sur le registre mortuaire, pour tromper la postérité. Il y a un
» autre registre où le nom véritable des morts est inscrit. Ce
» registre, malheureusement, n'a pas été retrouvé au moment de la
» prise de la Bastille, » ajoute l'auteur.

M. Jung dit que ce registre est celui de du Junka, dont, en effet,
on avait retiré le folio n° 120, qui contenait l'inscription relative
au prisonnier masqué.

On n'a pas retrouvé ce folio, mais une copie faite par M. Chevalier,
major à la Bastille depuis 1749, qui a pu reproduire les inscriptions
faisant connaître que ce prisonnier, dont le nom n'a jamais été su,
a été enterré sous celui de *Marchiali*.

Quoi qu'il en soit, si l'explication de M. le colonel Jung ne parait
pas encore justifiée par des preuves indiscutables, il est au moins
constaté que le mystère ne s'appliquait pas à un homme d'une
importance considérable, et qu'il ne saurait plus avoir désormais
qu'un intérêt historique d'un ordre fort secondaire.

ÉTAT HISTORIQUE
des prisonniers confiés successivement à la garde de M. de Saint-Mars.

NOTA. — Il n'a existé de prisonniers traités d'une manière spéciale, au point de vue financier, que MM. Fouquet et Lauzun, et de prisonniers mystérieux, que les deux de la tour d'en bas.

NOMS ET PRÉNOMS.	DATES DES ENTRÉES.	MOTIFS DES EMPRISONNEMENTS.	DATES DES SORTIES.	
Nicolas Fouquet	16 janv. 1665	Concussions.	23 mars 1680	Décédé à Pignerol.
De Val-Croissant		Tentatives pour faire évader Fouquet.		
Le valet Honnace				
Eustache Danger	28 juillet 1669	Complicité avec le S' Roux de Marsilly. – Tentative d'empoison'sur Colbert.	janvier 1694	Id.
De Croix, commissaire artil'ie	23 mars 1668	Inconnu.	10 juillet 1669	
Le comte de Lauzun	23 nov. 1671	Offense à M°°° de Montespan.	22 août 1681	
Ramel	janvier 1672	Arrêté à Pérouse.	18 avril 1672	
Valets de MM. Fouquet (4), de Lauzun (2), de Matthioli (1).		Suivaient le sort de leurs maîtres.		
Loggier	4 septem. 1672	Propos indiscrets.	30 nov. 1672	
Mathonet	18 août 1672	Tentative pour faire évader Lauzun.	27 octob. 1672	
Plassot	id.		2 juillet 1673	
Heurtaud	id.	Id.		
M°° Carrière	id.		août 1672	Suicide.
Stellani	id.		1672	Remis au duc de Savoie.
Champin, commis de trésorerie	28 octob. 1672	Malversation.	novembr. 1672	Envoyé à la prison de la ville.
Le moine jacobin (Gonna)	1672	Instrigues et conspiration.	1687	Décédé à Exiles.
Comte de Donaue	avril 1673		avril 1673	
Marsailles	juin 1673		15 août 1673	Remis au duc de Savoie,
Bulluaris	11 janv. 1673	Espionnage.	11 août 1675	
Castanieri Saint-Georges	4 novem. 1673	Escroqueries près du duc de Savoie.	13 décem. 1673	
Calazio, greffier, sa femme Carlos Aime et Franco.	septemb. 1673	Friponneries.	fin de 1673	
Chevalier de Kiffenbach, des Harmoises, Louis de Oldendorf, le Masque de fer, de Marchiel	20 mars 1674	Conspiration. — Attentat contre la vie du roi.	19 nov. 1703	Mort à la Bastille.
Langlois | officiers Chevalier | d'artillerie.	juin 1675	Espion de Montecuculli.	30 août 1675	Décédé à l'île Sainte-Marguerite.
Dubreuil, dit Samson	25 février 1676			
Le duc de Giovanissimo et son maître d'hôtel				
Matthioli et son valet	2 mai 1679	Escroquerie.	28 avril 1694	Id.

AMIENS. — TYP. DELATTRE-LENOEL, RUE DE LA RÉPUBLIQUE, 32

« Depuis que, grâce aux progrès de la culture, ajoute M. Magne, on nourrit mieux les bœufs de travail ; depuis qu'on a compris l'avantage de les renouveler pour réaliser plus souvent les bénéfices qu'ils procurent ; depuis qu'on ne les fait travailler que deux ou trois ans au lieu de sept, huit et neuf ans, il s'est produit une amélioration sensible dans la race de Salers au point de vue de la boucherie. »

Baudement rangeait, en 1856, la viande d'un Salers dans la « première-deuxième » qualité. Un bœuf de sept ans, au concours de Poissy, recevait du savant professeur la note suivante : viande assez belle, suif ordinaire.

Le bétail d'Auvergne se divise en trois groupes principaux que j'ai négligés, au point de vue spécial de la classification des races, et ramenés à un type unique. Mais, considérés dans leurs produits, ces différents groupes méritent d'être étudiés. Ce sont les bestiaux de Salers, du Mont-Dore et de la Dore. Voici ce qu'en écrivait M. Doniol à Baudement en 1856 :

« Le Salers prend naissance sur les pentes basaltiques du Cantal, confine aux Limousins par le nord-ouest, aux Périgords par l'ouest, à l'Aubrac par le sud, aux Mont-Dore par le nord. Il naît et grandit sur des terrains basaltiques anciens, terrains fertiles et herbeux, communiquant à la végétation une grande puissance nutritive. On lui demande de satisfaire à trois spécialisations distinctes. C'est ainsi que dans l'Angoumois et le Poitou on le destine au travail et à l'engraissement final ; dans le Cantal même, dans le Puy-de-Dôme et dans la Haute-Loire, au travail et à la production du lait. Cette division dans les services qu'on demande au Salers amène cette conséquence, que l'Ouest achète la majeure partie des mâles qui ne reviennent qu'exceptionnellement au pays natal, et que les femelles s'en vont du côté opposé, où la propriété

Fig. 1. — Taureau de Salers.

et la culture étant très-divisées, elles répondent mieux
aux besoins.

« La vache de Salers est très-forte, et on la peut voir transportant la pierre de taille de Volvic vers Riom et Clermont, et donner encore aux habitants du pays labourage et laitage. Il faut ajouter, toutefois, que cette traction, opérée sur la route, amène promptement la perte du lait. Un très-petit nombre des Salers qui viennent dans le Puy-de-Dôme et dans la Haute-Loire, y sont engraissés. Une partie d'entre eux s'acheminent vers la montagne pour y être engraissés, de six à huit ans, et quelquefois même jusqu'à dix ans ; l'autre est dirigée vers le département de l'Allier, de Saône-et-Loire et de la Loire, pour aboutir à la boucherie de Lyon. Les foires les plus fréquentées sont celles de Salers, d'Aurillac, de Thiérac, de Mauriac, de Maillargues et de Brion. L'Ouest y enlève les jeunes mâles de huit à dix ans, mais au prix moyen de 100 francs. Les vaches s'y vendent, à l'âge de deux ans, 250 francs environ.

« Le groupe du Mont-Dore est moins important. Il s'est formé dans les pâturages volcaniques du Mont-Dore, particulièrement sur les terrains basaltiques de formation plus récente que les basaltes du Cantal. C'est dans les cantons de Rochefort, à l'ouest ; de Tauves et de Latour, au sud ; de Besse, à l'est, et dans les fermes de ces divers pays qu'on rencontre ce nouveau groupe. Les individus qui le composent se distinguent des Salers à la fois par la nuance de la robe et par les formes mêmes. Ici point de rouge-vif, comme dans le groupe précédent. La robe est pie-rouge, le rouge tirant sur le blond ; de là le nom de froment donné à beaucoup de vaches par les cultivateurs. Les formes y sont moins allongées, plus carrées, plus près de terre. La tête est moins grosse et le fanon moins développé. Les membres antérieurs sont aussi forts que chez les précédents, mais la croupe, moins aiguë, est plus large. La ligne du dos est droite, l'attache de la queue

peu élevée, et la côte moins plate que chez le Salers.
Le groupe du Mont-Dore se montre aussi plus précoce.
Le Salers est essentiellement tardif, n'atteint toute sa
force qu'à six et sept ans, grandissant jusqu'à huit et
neuf ans. Le bœuf travaille avec bénéfice dès l'âge de
trois ans, lorsque son voisin dépérit. A cinq ans il a tout
son développement et s'engraisse facilement en deux
mois, lorsqu'il a satisfait aux exigences de la culture.

« Ce groupe trouve sa destination dans les plaines
de la Limagne. Ses sujets y acquièrent un développement énorme aux environs de Clermont surtout. On
n'y rencontre qu'exceptionnellement des mâles, les femelles répondant mieux aux exigences d'une culture
fractionnée, à celles des petits propriétaires, des petits
cultivateurs qui se partagent le sol de ce pays. Les vaches s'y montrent bonnes travailleuses et excellentes laitières, fournissant des laitages et des beurres dans les
grands centres de population. Depuis quelques années
on les attèle seules à des véhicules à brancards, harna-
chées comme des chevaux, pour le transport des
denrées.

« On est frappé de ce qu'avec ces qualités les animaux du Mont-Dore ne se multiplient pas davantage,
et que les habitants du Puy-de-Dôme et de la Haute-
Loire tirent encore une certaine quantité de bétail du
Cantal. Ceci ne tient pas à une supériorité des Salers,
estimés pour le travail, mais à des conditions particulières à chacun des deux pays d'élevage. Le Mont-
Dore étant près des grands centres, Clermont, Riom,
Moère et beaucoup de petites villes populeuses, trouve
plus de bénéfices à vendre les veaux et à acheter de
la jeunesse pour la culture. Le canton de Rochefort,
voisin de Clermont, suit exclusivement ces errements :
on y vend tous les mâles à deux mois ; dans la Limagne,
on vend même le plus souvent mâles et femelles. Le

pays de Salers, se trouvant dans des conditions contraires, loin des centres de consommation, élève tout ce qui est passable, mâles et femelles, pour les vendre à un et deux ans. Ce qui est défectueux est tué à quinze jours; c'est ce qu'on appelle là du veau vierge, détestable nourriture s'il en fut !

« L'un comme l'autre de ces deux groupes s'engraissent hors du pays. On rencontre peu de bœufs sur «les montagnes de graisse» du Cantal et du Mont-Dore. Ce sont les vieilles vaches qui remontent là pour se mettre en chair. Le Bourbonnais, Saône-et-Loire, le Rhône, viennent acheter aux foires de la Limagne les vieilles bêtes pour les engraisser dans leurs pacages, en vue des grands marchés qu'ils alimentent.

« Chacun de ces deux groupes, en se mêlant d'abord, puis et surtout en passant sur des sols granitiques ou sur des sols volcaniques de date moins ancienne que ceux où ils naissent, par conséquent de fécondité moindre, produit un grand nombre de familles diverses dégénérées.

« Les animaux du Mont-Dore ont été mêlés dans la Limagne à une époque peu ancienne avec des fribourgeois et des bernois. Ce croisement a produit un groupe d'animaux très-forts, pie-noirs, mais inférieurs, pour le travail, à la race indigène pure, dont il se distingue par ses formes massives.

« Une autre tribu s'est encore formée dans le Luguet, mais elle n'offre rien de saillant à noter.

« Le groupe de la Dore ou des montagnes d'Aubert a son lieu de formation sur les deux versants de la rivière de Dore, depuis Thiers jusqu'à Saint-Germain-l'Herm environ. Le sol qui le nourrit est à base granitique ou d'argile provenant des terrains de cette nature. Le groupe de la Dore qui, géographiquement, relie le Mézenc au Charolais, paraît, à certains égards le trait d'union entre le bétail de ces deux pays, tenant davantage toutefois du premier par ses formes herculéennes. »

Ici s'arrêtent les renseignements si bien exposés et si bien étudiés de M. Henri Doniol, qui renvoyait notre maître regretté à un article publié dans le *Bulletin agricole du Puy-de-Dôme*, où sont analysées les opinions de deux vétérinaires, MM. Bartin et Borie. Voici le rapport de M. Celeyron sur le groupe des montagnes d'Aubert que les habitants voudraient nous donner comme une race distincte, classification que nous repoussons, on le sait.

« Nous plaçant au midi, au-dessus d'Arlanc, et faisant face au nord, la chaîne de montagnes se bifurque pour former deux chaînons ; au milieu du bassin qui en résulte coule la Dore dans une direction parallèle ; sur ses bords Arlanc, Marsac, Ambert et enfin, à l'extrémité nord, Olliergues. Sur les plateaux ou dans les bassins du chaînon de droite qui nous sépare du Forez, et à l'est d'Ambert, se trouvent Beurrières, Viverols, Saint-Clément, Saint-Anthème, Valcivières, Job, Vertolaye, Marrat ; à l'extrémité nord, le Brugeron.

« Sur le chaînon de gauche et à l'ouest d'Ambert, Mayres, Champetières, Saint-Germain-l'Herm, Saint-Ferréol, Saint-Amant-Roche-Savine, Bertignat et la Chapelle-Agnon.

« Quoique présentant les mêmes caractères, les animaux de la race bovine établis dans toutes ces communes, sont bien différents de qualités, suivant qu'ils habitent la chaîne de l'est ou celle de l'ouest.

« A l'est, Pierre-sur-Haute, la Richarde, Pegrolles, le Genevrier, Fayvi, la Fayolle, etc., vastes plateaux où paissent pendant la belle saison les animaux les plus remarquables, les vaches exclusivement laitières, dites de montagne.

« A l'ouest, la même race, mais qui semble dégénérée ; il y a cependant des exceptions, mais nous ne les trouvons que chez les propriétaires soigneux.

« A l'est, au contraire, le mauvais bétail serait l'exception ; bien que partout il soit susceptible d'amélioration, c'est seulement de la *partie est* que je crois devoir vous entretenir.

« J'arrive au signalement de cette race et laisse parler M. Bartin.

« La race bovine de la chaîne de montagnes du département du Puy-de-Dôme qui nous sépare du Forez, et dite de Pierre-sur-Haute, paraît ancienne ; bien que cette ancienneté ne soit constatée par aucun titre authentique, ce fait semble ressortir des caractères de fixité que l'on remarque sur tous les animaux de cette race ; partout on les rencontre, pourvu que ces animaux aient été convenablement nourris et qu'il n'y ait eu mélange d'aucun sang étranger.

« Les caractères distinctifs de cette race sont : quatre à cinq cents kilog. poids vif, 1ᵐ,150 à 1ᵐ,200 ; du garrot à la pointe du coude, 0ᵐ,800 à 0ᵐ,900.

« Le pelage est généralement vif miroité ; les trois principales nuances qui le caractérisent sont le rouge ou alezan-cerise, avec le dessous du ventre blanc, et une raie de même couleur s'étendant du garrot à la base de la queue ; le noir franc, quelquefois violacé, avec les mêmes parties blanches ; les robes rouges et noires à l'état pur sont rares.

« Les deux nuances que nous venons de caractériser sont le plus souvent accompagnées d'une pelote ou d'un croissant plus ou moins étendu, situé au milieu du front. D'autres fois, mais plus rarement, la tête entière est blanche, avec un cercle de la couleur de la robe autour des yeux.

« Le pie alezan ou noir, à couleur nettement tranchée et prédominance de ces dernières nuances ; les nuances fleur de pêcher, rouan, mille-fleurs, sont rares et moins recherchées.

« La peau est fine et souple, le poil ras et luisant. La ligne dorso-lombaire généralement droite chez les jeunes sujets, légèrement ensellée chez les sujets âgés. La tête est sèche et peut-être un peu longue, mufle effilé, bien porté. Les yeux sont beaux, vifs et de moyenne grandeur. Les cornes sont de moyenne longueur, grêles à leur base, dirigées d'abord presque horizontalement à leur sortie de la tête ; leur extrémité, libre, reste parfois verticale ; chez la plupart des animaux, cette extrémité est contournée en arrière. Les oreilles petites plutôt que grandes, recouvertes d'une peau fine, très-mobiles, surtout lorsqu'un objet éveille l'attention de l'animal. L'encolure un peu grêle, mais bien sortie du poitrail. Le fanon généralement peu développé, souple et seulement constitué par l'adossement ou replis de la peau de l'encolure, sans tissu cellulaire ou graisseux intermédiaire. Le garrot bien sorti et sans empâtement, surtout chez les vaches laitières dites de montagne. Le thorax vaste, surtout dans le sens vertical ; côtes un peu plates plutôt que rondes. L'abdomen un peu volumineux, sans être pendant. Chez les animaux d'un certain âge, et qui ont porté plusieurs fois, cette disposition de l'abdomen est mise en évidence, surtout pour les vaches à côtes plates, et, comme on le dit vulgairement, un peu pointues du derrière. La croupe horizontale et longue, souvent relevée vers la base de la queue. Les hanches peu distantes l'une de l'autre, légèrement saillantes chez les vaches purement laitières. Les cuisses et les fesses médiocrement garnies, les cuisses surtout ; les muscles fessiers beaucoup moins développés que dans certaines autres races, celle de Suisse par exemple ; au lieu de descendre ver-

ticalement jusqu'au jarret, comme dans la race précitée, ils sont un peu rentrants vers leur extrémité
inférieure et au-dessus de la corde du jarret, de manière à former avec cette dernière un angle très-ou-
vert. L'anus n'est pas enfoncé comme on l'observe
dans certaines races, les lèvres de la vulve sont minces
sans être pendantes, l'écusson bien marqué. La queue
bien relevée à sa naissance, forte, longue et munie à
son extrémité inférieure d'une grosse touffe de crins,
qui vont quelquefois jusqu'à terre. L'épaule longue,
oblique et un peu aplatie. L'avant-bras relativement
long, sec et bien musclé. Le genou large et sec.
L'extrémité inférieure du canon court et sec, tendons
bien détachés, boulet et paturons court-jointés, sabots
bien faits, corne excellente ; les onglons ne s'écartent
jamais pendant l'appui. Les jambes longues, bien mus-
clées et pyramidales. Les jarrets larges, secs et droits,
le reste comme aux extrémités antérieures. Le rendement en lait, fromage et beurre, d'après les renseignements recueillis par M. Bartin, serait 10 à 12 litres
de lait pendant dix mois de l'année, convertis en
800 grammes de fromage et 125 grammes environ de
beurre par jour.

« Tels sont les caractères de la catégorie des vaches
laitières dites de montagne. Celles de la vallée et des
bords de la Dore (toujours à l'*est* de la Dore, ajoute
M. Bartin), soumises au travail, présentent quelques
légères modifications, suivant les localités, modifications qui ne nuisent en rien à la physionomie spéciale
à cette race. Un peu moins de finesse dans la peau, la
tête moins longue et plus carrée, les cornes aussi
moins longues et plus grosses à leur base, l'encolure
plus forte, le fanon plus développé, le corps et les
membres plus courts, la côte plus ronde, la taille un
peu moins élevée ; telles sont les modifications qui se

font remarquer principalement dans les communes d'Olliergues, Marrat et Vertolaye.

« Les taureaux du pays constituent, ce nous semble, de véritables types, et il est douteux qu'il s'en trouve de mieux constitués. D'une taille moyenne ; tête courte, large et carrée ; cornes courtes et très-volumineuses à leur base ; encolure courte, énorme, munie d'un large fanon flottant jusqu'au-dessous des genoux ; une poitrine ample ; la côte ronde ; un abdomen cylindrique que l'on dirait fait au tour ; des épaules et des hanches charnues sans empâtement ; les extrémités détachées du tronc, courtes, osseuses et entourées de ligaments et de tendons libres et quelquefois apparents sous une peau fine.

« Tels sont les principaux caractères du taureau pur sang de Pierre-sur-Haute.

« M. Borie, de son côté, va nous dire, à son point de vue, les causes de la différence que nous avons signalée entre les animaux de notre pays, suivant qu'ils sont nourris à l'est ou à l'ouest de la Dore.

« On peut classer en deux ordres la bonne race que nous possédons, et qui n'est point appréciée comme elle le mérite ; la différence ne devra pas s'établir sur la taille et la forme, mais bien sur la nature et l'exposition des pacages où ce bétail est entretenu.

« Quelle différence de nature dans les pâturages des deux montagnes, qui ne sont cependant séparées que par la vallée où serpente la Dore ! Sur la chaîne de l'est et ses vastes plateaux, et jusque sur les versants qui regardent le Forez, l'on est étonné, malgré sa hauteur prodigieuse au-dessus du niveau de la mer, d'y trouver pendant la belle saison une végétation merveilleuse et une grande variété de bonnes plantes fourragères...

« A l'ouest, si l'on ne préfère envoyer le bétail bien

loin pour l'abreuver, l'on est réduit à des eaux stagnantes. Les pacages sont plus rares, pauvres et chétifs ; ce sont plutôt des terrains vagues que des pâturages : le morcellement de la propriété y est plus grand, et il y a par conséquent plus de terrains défrichés : les habitudes de soigner le bétail sont surtout bien différentes de celles observées sur la montagne opposée ; il est bien entendu qu'il y a des exceptions...

« Il a bien été apporté quelques modifications par des croisements étrangers, mais, opérés dans de faibles proportions, ils n'ont pas eu une très-grande influence ; ils ont bien pu altérer quelque peu l'unité de la race indigène, mais ne constituent pas une race distincte. Ainsi, il y a vingt ou vingt-cinq ans, deux troupeaux de vaches ont été conduits de la Suisse ; elles avaient leur taureau ; la descendance se reconnaît encore ; ont-elles amélioré notre race ? Oui et non. Oui, car l'on a obtenu une charpente osseuse mieux établie, plus de taille, plus d'étoffe et par conséquent plus de poids, un animal peut-être mieux constitué pour le travail, mais les qualités lactifères ne sont pas augmentées ; elles sont plus longtemps à engraisser, au moins dans nos pays, et cela parce qu'elles ont besoin de plus de soins et de beaucoup plus de nourriture. Toutes conditions égales d'ailleurs, un métis suisse coûte beaucoup plus à nourrir que la vache indigène, sans produire davantage ; aussi, entre une *suissarde,* comme les appellent nos montagnards, et la bonne vache indigène, la première eût-elle plus de poids, nos agriculteurs n'hésitent jamais, et achètent la vache de race pure du pays.

« Il y a encore des croisements avec des taureaux de la Haute-Auvergne, quelques Salers. La descendance de ces derniers se reconnaît beaucoup moins ; ne serait-ce pas un indice d'analogie entre les deux races ? Mêmes aptitudes quant au travail, à la production du lait et à la prédisposition à l'engraissement ; même adresse sur les terrains difficiles, habituées à peu près aux mêmes soins hygiéniques, originaires d'un climat similaire et d'un pays accidenté comme le nôtre.

« Pour mon compte et pour mon pays, si j'avais à choisir dans l'une des races classées pour améliorer la nôtre, ce serait sans hésitation à la précieuse race de Salers que j'aurais recours.

« Mais j'arrive à mes causes de prédilection pour la bonne race indigène, celle dite de montagne. Une race qui aurait réuni sur chacun de ses sujets, et à un haut degré de supériorité, les qualités suivantes : bête de travail, bonne laitière, fécondité, aptitude à l'engraissement, serait sans contredit la race la plus précieuse ; elle serait une merveille, mais une impossibilité : toutes ces qualités portées à un haut degré sur le même sujet, sont incompatibles.

« Mais, suivant les conditions climatériques, les soins hygiéniques, l'éducation, la bonne entente de l'accouplement ou des croisements, l'on pourra modifier l'une ou l'autre de ces qualités...

« Or, si notre race ne possède pas au plus haut degré toutes ces qualités, elle les possède moyennement en somme, sinon supérieure, au moins suffisante pour acquérir les unes ou les autres au degré voulu ; elle est apte à les transmettre à sa descendance d'une manière fixe ; en un mot, par le choix bien étudié et bien compris des deux reproducteurs, l'on peut espérer d'obtenir chez elle la prédominance de l'une ou l'autre de ces qualités préexistantes, tout en lui conservant une somme relative des autres qualités...

« Nos vaches dites de montagne sont bonnes laitières ; la moyenne de produit en ce genre est de 10 à 12 litres par jour et pendant 9 ou 10 mois de l'année ; peut-être suis-je même dans cette appréciation au-dessous de la vérité ; mais je juge par moi-même, pour un troupeau soumis au régime du métayage, qui ne reçoit ni soins ni nourriture exceptionnels, et duquel le produit même peut bien ne pas m'être complétement connu ; et si je dois croire aux renseignements des deux hommes déjà cités, certains agriculteurs connus dans nos pays, qui font valoir par eux-mêmes, et qui naturellement donnent plus de soins à leur étable, auraient un produit moyen de 15 à 20 litres par vache, quelques-unes dépassant 20 litres. Il est donc évident qu'avec de bons soins et une alimentation suffisante l'on peut arriver à de beaux résultats avec notre race indigène... »

M. Celeyron qui est, on vient de le voir, un éleveur fort instruit des choses de l'agriculture de sa localité, reconnaît qu'il y aurait de grands progrès à accomplir pour donner au bétail de l'Auvergne plus de précocité et une meilleure conformation ; mais, après s'être livré à l'examen des races proposées pour l'améliorer par le croisement, il rejette ce mode et conclut à l'amélioration par le *régime*.

Race garonnaise. — C'est sur les rives fertiles de la Garonne, entre Agen et Bordeaux, que se place le berceau de la race garonnaise ; et c'est aux environs de Marneleur que se trouve le type le plus pur. Le pays est divisé, là, en petites métairies soumises à l'assolement biennal, ensemençant de 5 à 8 hectares, nourrissant deux à quatre bêtes de travail et un, deux ou trois élèves. Les animaux y sont l'objet de soins très-assidus ; nourris en général à l'étable, ils reçoivent du foin en hiver, du farreuch vert au printemps et du maïs pendant l'été et l'automne.

Mais n'anticipons pas sur l'élevage, et voyons quels sont les caractères de cette race à laquelle on doit rattacher les groupes connus sous les noms d'Agenais, Néracais, Limousins et Saintongeois.

La couleur de la robe est le rouge froment, d'une teinte plus foncée à l'encolure, aux épaules et à la partie moyenne des côtes ; le dos et les reins, la face interne des cuisses sont d'une teinte plus lavée. Il est à remarquer que la robe devient pommelée chez la plupart des taureaux à l'âge de deux ans.

La taille du garonnais varie entre 1^m,45 et 1^m,72 chez le bœuf adulte. Les colosses de la basse plaine atteignent seuls le dernier chiffre, dit M. Goux dans la monographie qu'il a faite de la race garonnaise. La vache atteint jusqu'à 1^m,55.

« Après la taille, ce qui différencie le plus le Garonnais de la basse plaine, continue le vétérinaire distingué de Lot-et-Garonne, c'est une conformation moins régulière, charpente osseuse en relief ; cornes fortes à la base, dirigées en arrière et en contre-bas ; tête longue, un peu étroite, légèrement busquée ; rein long, cuisse fendue, jarrets coudés, pieds panards, onglons écartés l'un de l'autre, corne molle : tels sont leurs défauts. Il faut citer comme qualités la souplesse de la peau, le peu de développement du fanon sous la tête et au haut du cou, la finesse de l'encolure, la largeur du bassin, des jarrets et de l'avant-bras. »

J'ajoute que les garonnais envoyés sur le marché de Paris se font toujours remarquer par le resserrement de la côte, en arrière de l'épaule.

Le poids moyen brut des bœufs est de 1,000 kilogrammes, celui des vaches de 350 kilogrammes, celui des veaux de 80 kilogrammes.

« A tout ce qu'il y a de bon dans la conformation de la variété ci-dessus, il faut ajouter, dit M. Goux, de meilleurs aplombs, un pied plus petit, des onglons plus rapprochés, la culotte mieux descendue, la queue fine à l'extrémité, le canon court et mince, le ventre rond et peu volumineux, le dos, la croupe, le poitrail, l'avant-bras larges, la tête courte, le chanfrein droit. Le défaut d'horizontalité de la ligne dorsale est assez prononcé chez beaucoup de taureaux. On l'observe moins sur les bœufs et les vaches. Il disparaît souvent après la castration.

« Dans la haute plaine, la race est plus propre au travail, plus sobre ; elle donne, toutes choses égales, un rendement supérieur, et la reproduction s'effectue généralement au moyen des taureaux choisis sur ce point. »

L'amélioration des lignes dans la race garonnaise est moins sensible que la tendance à la finesse et à la précocité. Au concours régional d'Agen, en 1863, M. Goux signalait des génisses nées, depuis le 1er mai 1860 et avant le 1er mai 1861, de sujets qui, âgés de trente-six mois seulement, portaient six dents de remplacement. L'évolution si active des dents est, en effet, un attribut des races précoces.

Le centre de Nérac, où l'on a voulu voir un bétail distinct, se trouve dans une situation intermédiaire entre les deux pays où l'on élève la race gasconne et garonnaise. Il est donc tout naturel qu'il se soit formé là une variété nouvelle, obtenue par le croisement de ces deux types différents. Mais ce mélange s'opérant continuellement, on ne peut pas dire qu'il existe telle chose qu'une race néraquoise, se reproduisant par elle-même.

En ce qui concerne la variété limousine, voici ce que dit M. de Tourdonnet : « L'introduction des reproducteurs de race garonnaise dans le Limousin paraît remonter à une époque assez éloignée. La vieille race de ce pays se retrouve seulement aujourd'hui

dans quelques cantons montagneux où l'infécondité
du sol condamne l'agriculture à une sorte d'immo-
bilité; partout ailleurs elle a été rendue méconnais-
sable par le mélange ou par la substitution du sang
garonnais. »

En somme, la généralité des observateurs attentifs
et instruits des caractères typiques de la race, en général, ne voient, comme moi, qu'une seule et même
race dans le département de la Garonne, du Lot, de
Tarn-et-Garonne, et sur quelques points de la Gironde
et de la Dordogne.

La race garonnaise occupe dans le bassin de la Garonne une superficie évaluée à 1,700,000 hectares
environ. On y entretient 128,000 têtes de bétail, ce qui
ferait une tête pour 4 hectares 5 ares.

Le paysan de ce pays aime les animaux, aussi ne
néglige-t-il rien pour améliorer leur sort. Il couvre ses
bœufs d'un caparaçon de toile en été et leur donne
chaque jour un pansage comme s'il s'agissait d'un
cheval, avec l'étrille, le couteau de chaleur, la brosse
et le chiffon de laine. Pour les bœufs d'engrais, certains nourrisseurs ajoutent à ce pansage des lavages
à l'eau tiède. Le bouvier a encore l'habitude de couper
aux ciseaux les poils de la queue jusqu'au toupillon,
afin de la faire paraître plus mince. Tous ces soins ont
rendu le bétail extrêmement doux. Aussi les foires ne
donnent lieu à aucun accident.

La vache garonnaise n'est pas, en général, bonne
laitière; en revanche, elle se montre excellente travailleuse; aussi est-elle presque toujours employée
aux travaux des champs, dans le pays de production,
tandis que les bœufs sont vendus pour l'exportation.
Elles exécutent aussi le battage des grains, traînant
le rouleau de pierre dans les fermes où la locomobile
n'a pas encore pénétré. Les attelages destinés aux

charrois par les chemins sont ferrés. On ne laisse point la vache portière en repos avant la mise bas, elle vêle parfois dans le sillon qu'elle creuse. Trois jours après elle reprend son travail. Une paire de vaches laboure par jour, en moyenne, 22 ares. Ce travail vaut 5 francs, y compris le salaire du bouvier.

Le premier veau d'une taure de trois ans ne vaut pas plus de 60 à 68 francs. Les veaux suivants se vendent, en moyenne, 80 francs à deux mois et demi. Une vache, au premier vêlage, vaut 300 francs. A douze ou quatorze ans, elle se vend maigre 120 francs, et en chair de 180 à 200 francs.

La succession des fourrages, dit M. Graux dans son intéressante brochure, a lieu d'une manière assez rationnelle. Les cultures fourragères sont échelonnées de façon à pouvoir être donnée en vert après le 15 mars jusqu'au milieu de novembre. Le trèfle incarnat s'y donne en vert et en sec, puis les vesces, la luzerne et le maïs, lorsque la sécheresse ne l'a pas étouffé. On donne beaucoup de feuilles mélangées à ces divers fourrages.

M. de Dampierre accorde aux garonnais une grande aptitude à l'engraissement. Ils atteignent, dit-il, le poids de 1,100 à 1,200 kilogrammes, poids vivant. Leur chair d'un grain fin est bien marbrée et leur suif doré. Bien qu'on ne les livre qu'à six, à huit ans à la boucherie, ajoute le zootechnicien distingué de la Société Impériale d'Agriculture, on peut cependant leur faire atteindre un haut poids à un âge beaucoup moins avancé. Baudement les classait, en 1856, dans la seconde première qualité.

L'amélioration de la race par voie de croisement avec le taureau Durham ou par le *régime*, a été vivement discutée au sein des comices de la contrée. La majorité s'est prononcée en faveur du second de ces moyens. Je persiste néanmoins à penser que, étant données certaines conditions favorables, le croisement avec le sang anglais serait une opération toujours heureuse au point de vue d'individus élevés en vue de la boucherie exclusivement, et souvent conseillable dans le but d'une prompte amélioration.

Race gasconne. — Faut-il faire remonter à une importation d'animaux de la race suisse de Schwitz en Gascogne, l'origine du bétail de ce pays? Telle est la question qu'on s'est déjà posée sans pouvoir produire aucun document de nature à le résoudre. Ce qui est hors de contestation, c'est la ressemblance des bœufs gascons avec les bœufs de Schwitz. J'ai là, sous les yeux, les deux gravures de l'Atlas dressé par Baudement, représentant un taureau de chacune des deux races, et il n'est pas possible de contester leur parfaite identité. Pour mon compte, j'incline à croire que la race gasconne s'est constituée par voie de croisement continu, pendant un certain temps, jusqu'à l'absorption à peu près complète de la race locale. Il se serait passé là ce qui arrive aujourd'hui dans le Maine et l'Anjou, où la race nouvelle cède le terrain à la race de Durham par voie de croisement ou de métissage.

Quoi qu'il en soit, disons que la race gasconne a pris naissance dans le Gers, où se trouvent quatre vallées principales arrosées par les eaux du Gers, de la Bayse, de la Gimone et de la Save.

Tête courte, front saillant, chanfrein droit, fanon tombant sous la gorge, oreille large et velue, cornes courtes et grosses dirigées en avant et en bas; pelage gris-noir, dit blaireau, avec une auréole blanche autour des yeux, et un mufle noir.

« Le bœuf gascon, écrivait à Baudement M. Alfred de la Vergne, est de taille moyenne; son corps est ramassé, mais non cylindrique; le ventre est volumi-

Fig. 2. — Taureau gascon.

neux, le cou court, le fanon tombant entre les membres antérieurs, la poitrine profonde, mais serrée, le garrot large, le rein plongé, la hanche courte, la croupe pointue, la queue attachée haute, la cuisse plate ; les épaules sont plates et peu charnues, les os gros et forts, un poil rude, de là une grande aptitude au travail. Il se distingue, entre tous, par sa patience et sa rusticité plutôt que par la facilité à l'engraissement auquel il se montre rebelle. »

Aussi la race gasconne s'est-elle acquis une grande réputation pour le travail dans les départements voisins de son berceau, qu'ils sont devenus tributaires des foires de Gascogne, et notamment de la Haute-Garonne, de l'Aude et du Tarn.

Race navarrine. — Sous cette désignation vient se grouper tout le bétail des Pyrénées et des plaines qui s'étendent jusqu'aux landes de Gascogne. Plusieurs variétés du type que je vais décrire ont été admises jusqu'ici comme formant des races à part, mais c'est à tort ; elles ne diffèrent entre elles que par des caractères secondaires. Baudement, dans son Atlas des races bovines de l'Europe, nous donne le bœuf landais comme le type du bétail navarrin. Aussi était-ce à un des lauréats de la variété landaise au Concours de Paris, en 1856, que notre excellent maître s'était adressé pour obtenir des renseignements. Voici comment un cultivateur à Saint-Pé, M. Laverny, caractérise la race de son pays.

« Tête courte, carrée, large à la base des cornes, mufle rose ; cornes fines et relevées ; cou court, fanon peu prononcé ; poitrine ample, épaules larges ; épine dorsale légèrement fléchie ; queue attachée haut, cuisses larges et bien descendues ; jarrets plats, membres courts et nerveux. Presque tous les landais sont sanglés derrière l'épaule ; chez la femelle, le défaut est moins prononcé.

« Il est un lieu où l'on peut voir le type landais dans toute sa pureté. Ce lieu étrange, où confinent le département des Landes et celui de Lot-et-Garonne, se nomme Pellebusoq, sur quelques cartes Peterbusoq. Une vaste pelouse, en forme de cirque, entourée de chênes séculaires, y sert de champ de foire. A part une métairie, située à plus d'un kilomètre, aucun toit, aucun abri ne se présente à la vue, hors cette immense étendue de landes.

« Chaque année, le 16 juillet, le voyageur égaré que le hasard conduirait à Pellebusoq pourrait se croire transporté sur notre terre d'Afrique, au milieu d'une tribu nomade ayant déployé ses tentes et faisant paître de nombreux troupeaux. L'erreur cesserait à l'aspect des tentes abritant de nombreux convives assis autour des tables, abondamment pourvues de viandes de toutes espèces, cuisant incessamment au pied de l'arbre voisin. Sur le devant du chariot une barrique de vin, et sur l'arrière une futaille pleine d'une eau que la localité ne fournit point.

« Non loin de là, et sous le feuillage, la «chalumine» ou musette appelle danseurs et danseuses, accourus de 10, 15 et 20 kilomètres, et dont la beauté gracieuse est trop éphémère.

« Au centre de ce vaste cirque, sont placés les bœufs gras destinés à la boucherie de Pau, de Dax, de Bayonne, de Mont-de-Marsan, de Toulouse, d'Agen et de Bordeaux. Le prix d'une paire de bœufs varie de 800 à 1,100 francs.

« Comme cadre du tableau mouvementé de la foire de Pellebusoq, on voit, autour et en dehors de la ceinture formée par les chênes, une quantité considérable de chevaux encore couverts de leurs selles et paissant librement l'herbe de la lande, au milieu de troupeaux de vaches suivies de leurs veaux.

3

« La race landaise emprunte les qualités qui la dis-

Fig. 3. — Taureau béarnais.

tinguent beaucoup plus à la rusticité et à la vigueur de

sa nature, qu'aux soins dont son élevage est l'objet. Ainsi les mères allaitent leurs fruits à l'étable jusqu'à l'âge de quatre et cinq mois. A ce moment, ceux qui ne sont pas vendus au boucher suivent leurs mères sur la lande, dont ils partagent la nourriture même à l'étable. C'est ce que les paysans appellent « former le tempérament de leurs animaux. » A l'âge de six mois, les mâles, qui ne sont guère castrés qu'à quinze mois, trouvent à l'étable une maigre ration de foin et de paille pour se préparer aux rudes travaux qui les attendent.

« Le bœuf landais est remarquable par la vivacité de ses allures, par son ardeur infatigable. Les femelles sont livrées à la reproduction entre quatorze et trente mois ; voilà pour la période naturelle.

« Quant à la période industrielle, à l'engraissement du bœuf landais, on s'étonne des résultats en voyant combien sont restreintes les ressources du pays : point de racines, point de fourrages artificiels ; à peine un peu de seigle vert ou de trèfle incarnat au printemps, obtenu à grands frais de fumier. C'est donc avec le foin, le regain et la paille de panis — *paniceum miliaceum* — ayant pour complément le tourteau de lin et le grain du même panis que le paysan landais opère ; mais aussi que de soins de la part de toute la famille pour arriver à l'engraissement de la paire de bœufs qui doit donner une jupe neuve, une veste ou un béret !

« Si le bœuf landais qu'on engraisse ne s'assied pas au foyer domestique, on peut dire qu'il y mange. Dans toutes les maisons de paysans, se trouve, près de la cheminée de la chambre commune, une petite ouverture donnant sur l'étable, et dans laquelle les bœufs, dès qu'ils sont détachés, vont passer leur tête, retenue alors au moyen d'une traverse à laquelle on attache leurs cornes. Le bouvier, assis au coin de la cheminée, ayant devant lui sa nourriture indiquée plus haut et transformée en « bouchées » saupoudrées de son, la distribue aux animaux. Le bœuf landais atteint en moyenne un poids vif de 700 kilogrammes; abattu, il produit 400 kilogrammes de viande nette et 45 kilogrammes de suif. La femelle grasse pèse de 200 à 250 kilogrammes au moins. »

Race bazadaise. — Cette race, au dire de presque tous les agronomes qui ont parlé du bétail français, serait le résultat d'un croisement entre deux ou plusieurs des races qui l'environnent. Cette opinion est admise par ceux-là même qui dénient au croisement la puissance de former des races ! C'est là un fait, une contradiction que je tiens à noter en passant.

Voici ce que M. Lafitte-Perron, éleveur des environs de Bazas, consulté par Baudement, lui écrivit en 1857:

« La race bovine bazadaise est cantonnée dans la partie *est* du département de la Gironde, elle peuple exclusivement le pays compris entre la Garonne et les landes de la Gascogne, étroite langue de terre dont Bazas est le centre, dans une région de 38 kilomètres environ.

« La race bazadaise est ancienne, fixée et parfaitement distincte de toutes celles qui l'entourent. Son poil fin et luisant est gris-brun, d'une teinte plus foncée au cou et à la tête. Le tour du mufle et des yeux, la face interne des cuisses est garnie d'un poil blanc fin et soyeux. Les animaux de cette race sont remarquables par la régularité de leur aplomb, la finesse de leurs membres et de la queue, l'énergie des mouvements, la vivacité de l'allure. Le corps est ramassé et près de terre, le ventre peu développé; la poitrine ample, la croupe longue et charnue; la cuisse large, bien descendue, le jarret coudé, le pied petit et solide. Sa tête, un peu forte, est armée de grosses cornes légèrement inclinées vers la terre, l'œil est grand et vif.

« Le bœuf bazadais est sobre et s'entretient de foin, on ne le voit jamais à l'état de maigreur complète.

«Le sol du Bazadais est de nature siliceuse, très-ondulé, divisé en petites propriétés, en exploitations d'étendue restreinte. Une partie est occupée par les prairies naturelles de qualité indivise, une autre par des vignes, par des taillis de chênes mêlés de pins. Un quart à peine du sol est destiné aux céréales, au seigle principalement. Entre deux céréales, le maïs, le trèfle et les navets occupent les guérets. Au moyen de ces cultures, le bétail est entretenu en bon état et d'autant plus facilement qu'on n'exige de lui qu'un travail modéré. Le paysan bazadais aime les animaux.

« Les vaches bazadaises sont médiocres laitières, aussi trouve-t-on, dans chaque étable, une vache bretonne pour aider à la nourriture des veaux. A deux ans, le bœuf est soumis au joug et devient l'objet d'un commerce important. A quatre ans, il est emmené dans les environs de Bordeaux et dans le Médoc. Une grande partie des bœufs bazadais est employée aux transports des produits du pays aux ports d'embarquement sur la Garonne. Attelés par paires sous un joug long de deux mètres, ils traînent ordinairement le poids énorme de 5,000 kilogrammes. Les jeunes bœufs bazadais ne remontent pas vers la Gascogne, leur prix étant plus élevé que celui des bœufs gascons. La vache n'est employée qu'au travail de la terre et aux charrois de la ferme. Ce n'est qu'à sept et huit ans que le bœuf bazadais arrive aux abattoirs de Bordeaux; il y est estimé pour la bonne qualité de sa viande et de son suif. Il engraisse vite, mais l'engraissement n'est jamais poussé qu'au mi-gras.

« Voici les poids et le rendement moyen des bœufs bazadais de sept à huit ans, tels qu'ils sont exploités par la boucherie de Bordeaux :

4 quartiers de viande nette............	350 kilos.
Tête et langue......................	20 —
Foie, poumons, cœur.................	15 —
Pieds..............................	12 —
Entrailles et sang..................	120 —
Suif...............................	43 —
Peau...............................	40 —
Total...	600 kilos.

« Poussé au fin-gras, l'engraissement donne des résultats bien différents. Voici le rendement d'un bœuf bazadais, primé en 1854 :

4 quartiers de viande nette........	748 kilos,	67 p. 100
4 quartiers cuir et suif...........	896 —	81 p. 100
Suif...............................	74 —	
Cuir...............................	14 —	
Pieds..............................	17 —	
Foie, poumons, cœur................	25 —	
Langue.............................	10 —	
Intestins et sang..................	188 —	
Tête...............................	20 —	
Poids vif.....	1,105, kilos.	

« La partie sud du Bazadais, confinant aux landes de Gascogne, est de nature très-siliceuse. La partie nord se confond avec les *loames* de la rive gauche de la Garonne. Il y a donc une grande différence de taille et de poids entre les animaux provenant des frontières opposées de ces deux régions. Les poids varient de 500 à 1,000 kilog., et les prix y correspondent. »

Race de la Camargue. — Cette race nous fournit heureusement le seul exemple d'un bétail vivant, en

France, à l'état demi-sauvage. C'est dans le delta du Rhône, dont je me suis déjà occupé ailleurs à propos des poneys de la Camargue, que se perpétue la petite race bovine d'une île importante dont l'industrie agricole ne s'est guère occupée jusqu'ici.

Le camargue est de petite taille, son pelage noir ; sa tête longue et étroite, à chanfrein déprimé, à oreille fine et mobile, sans fanon sous la gorge ; œil vif, saillant ; encolure légère et longue ; garrot tranchant et élevé ; poitrine étroite ; hanches serrées, croupe courte et pointue ; queue touffue, cuisse plate, membres minces, jarrets coudés.

Pleins de vigueur et d'agilité, d'une physionomie sauvage, les bœufs de la Camargue vivent en nombreux troupeaux dans les marais que la Compagnie récemment formée viendra sans doute dessécher. Adieu alors ces petits animaux que les habitants, montés sur leurs chevaux, poursuivent avec tant d'adresse pour les saisir et les marquer au fer rouge, lorsqu'il s'agit de les conduire au marché ou de les amener au travail. Cet exercice, appelé « ferrade », est considéré comme une fête par la population, où les plus habiles s'acquièrent une réputation.

Les veaux sont, sitôt après leur naissance, soustraits à leurs mères, qui ne tardent pas à quitter le troupeau pour venir les allaiter dans un lieu plus sec où ils sont attachés.

On pense bien que cette race, produite pour ainsi dire à l'état de nature, disparaîtra promptement sous l'empire du progrès que l'honneur et l'intérêt du pays réclament à la fois.

Race du Morvan. — Voici encore une race qui, à l'exemple de la race mancelle, tend chaque jour à disparaître : l'une cède le pas au Durham, l'autre au

Charolais, toutes deux par voie de substitution, de croisement ou de métissage.

Le bétail morvandeau est pie-rouge et, pour la taille, au-dessous de la moyenne de nos races. La tête est petite, le front plat, l'oreille plantée haut et velue, les cornes se montrent en forme de spirale ; l'œil est saillant et son regard indique l'énergie de cette race essentiellement robuste et travailleuse.

Le corps trapu du morvandeau repose sur des membres courts, sur des pieds sûrs, à la corne solide, qui le mettent à même d'exécuter les charrois dans des chemins affreux, dans des ravins et sur les pentes abruptes des bois du Morvan.

Elle est la dernière expression d'une situation économique et culturale qui, chaque année, se modifie dans le sens de la civilisation. Nous ne pouvions donc mieux finir la revue de nos races travailleuses que par la race morvandelle.

Races laitières. — La classification des races laitières n'offre point autant de difficultés que celle des races travailleuses. Si les unes, pas plus que les autres, ne remplissent exclusivement une fonction économique spéciale, on peut cependant dire que les races laitières forment un groupe distinct, déterminé par l'industrie elle-même.

En nous occupant de celles-ci, nous ne restons point attachés, comme tout à l'heure, à un passé que l'avenir répudiera, à une spéculation que le progrès modifiera forcément. Si le travail du bœuf doit disparaître un jour, presque partout, la production laitière ne peut jamais décroître. Elle est, au contraire, intimement liée à la production de la viande, concourant avec elle à l'alimentation générale. Spécialiser une race en vue de la boucherie, n'entraine pas l'exclusion de l'aptitude laitière. La race de Durham, qui est l'expression la plus haute, chez l'espèce bovine, de l'aptitude à l'engraissement, est considérée comme la meilleure laitière de l'Angleterre. En France, elle n'obtient pas ce rang, mais elle prend place immédiatement après la race flamande et la race normande.

Nos races laitières sont peu nombreuses ; nous n'en comptons que trois sur lesquelles je vais m'arrêter.

Race bretonne. — C'est à deux sommités de l'agriculture bretonne, que nous allons donner la parole. Baudement nous a laissé deux mémoires manuscrits signés, l'un par M. Louis de Kerjegu, directeur de la ferme-école de Trévarez (Finistère), et l'autre par M. Armand Trochu, de Belle-Ile-en-Mer. Nous emprunterons à l'un et à l'autre de ces éleveurs célèbres des renseignements que personne ne pourrait donner mieux que ces deux lauréats de nos concours régionaux et universels.

« La Basse-Bretagne, dit M. de Kerjegu, présente trois circonscriptions intéressantes à délimiter et à caractériser, au point de vue de l'espèce bovine : 1° le Corwail ; 2° le Léon ; 3° le Trégorrois (1).

« La race de Corwaill couvre toute l'immense contrée comprise d'une part entre la ligne partant de Pont-l'Abbé et passant à Douarnenez, Châteaulin, Braspartz, Huelgoët, Callas, Corlay, Loudéac, Pontivy, Ploermel, Vannes, Auray, pour aboutir vers Muzillac, la Roche-Bernard, la mer du Morbihan et celle du littoral sud-ouest du Finistère jusqu'à Douarnenez et Camaret.

« Les arrondissements de Quimper, de Quimperlé, de Châteaulin (Finistère), véritable pays et ancien évêché de Corwaill, sont, avec le canton de Gaurin (Morbihan), le centre principal de la race.

(1) Baudement avait mis en marge : le Léon et le Trégorrois ne forment, en réalité, qu'une seule partie, caractérisée par le calcaire, le froment et le trèfle.

« Toute cette Corwaill et le pays vannetais, comprenant les versants nord et midi de l'Aré, les versants nord et midi des montagnes Noires, offre à l'œil un terrain très-mouvementé, presque montagneux, de transition, à base généralement schisteuse, avec beaucoup de grès, de quartz, de quartzites superficiels, granitique par accidents, chargé de magnésie, d'oxyde de fer, criblé·de sources, de suintements, présentant de vastes étendues sous-bruyères et tourbières, privé de calcaire, par conséquent très-acide et réclamant le drainage, la chaux ou les carbonates calcaires, des engrais, des défoncements, c'est-à-dire du travail, de l'argent, de l'intelligence et du temps.

« Sur cette terre croît la race dite de Corwaill, expression d'une culture pastorale mixte, faite avec un capital atteignant à peine 150 à 200 fr. l'hectare, soumise à l'assolement triennal ; expression de la misère et race de misère, petite, exiguë, tardive, faible, mais sobre et rustique, se maintenant saine et vivace dans des conditions où nulle autre race ne saurait se maintenir et ne pourrait donner ce qu'elle produit. »

La race de Corwaill est caractérisée par sa couleur pie-noire, par sa tête fine sans fanon, au front plat, aux yeux vifs, grands et bien sortis, aux cornes minces, effilées, de moyenne longueur, arquées en avant et relevées vers la pointe, par son oreille petite et plantée haut.

Son thorax est bien développé, ses côtes sont arrondies, ses hanches larges, l'attache de la queue est placée haut, ses jarrets sont clos, son pis est souple et développé, sa peau fine, son allure légère. Sa taille varie de 90 centimètres à 1 mètre ; son poids moyen est de 180 à 200 kilogrammes.

« Elle possède, dit M. Trochu, des caractères laitiers et surtout butyreux très-remarquables ; les fon-

Fig. 4. — Vache bretonne du Morbihan.

taines sont larges, distantes et profondes, le développement des veines mammaires est considérable. La

plupart des vaches du Morbihan présentent les signes de la classe, dite flandrine, par M. Guénon. La quantité du lait est inférieure à sa qualité. En moyenne, seize à dix-huit litres de lait en été, et dix-huit à vingt en hiver, donnent 1 kilog. de beurre. »

Ces renseignements sur la qualité laitière de la morbihannaise sont complétés dans une lettre de M. Victor du Quillian, adressée à Baudement : «Lorsqu'on arrive à 1,200 litres par an, c'est-à-dire 3 litres 1 tiers par jour et par vache, on doit se trouver satisfait. Depuis sept ans je n'ai pas négligé un seul jour d'inscrire les produits de ma vacherie, composée de cinquante vaches bretonnes, et je n'ai jamais dépassé ces chiffres. Il résulte d'expériences faites chez moi que le litre de lait est produit, en général, par 2 kilog. 400 gr. de foin l'hiver, soit un tiers en foin et deux tiers en racines. »

« Le bœuf du Morbihan, dit M. Armand Trochu, est petit, mais fort, proportionnellement à sa taille. Maigre, son poids varie entre 250 et 360 kilogr. Gras, il ne dépasse pas 360 kilogr. Poussé à l'engrais, le bœuf breton profite vite, mais il conserve un aspect défectueux ; les apophyses iliaques ne sont jamais garnies, et il existe toujours une dépression sensible entre l'ilion et la pointe de la fesse.

« La plupart des cultivateurs du Morbihan font travailler leurs bœufs à deux ans et les conservent jusqu'à l'âge de six à huit ans. A cette époque ils les mettent en bon état et les vendent sur les marchés du département. Abattus, les bœufs ne produisent, au plus, que 55 p. 100 de leur poids vif. Je ne parle ici que des rendements obtenus sur des bœufs engraissés suivant le mode des cultivateurs de la contrée. La viande en est très-estimée, elle est renommée jusqu'en Angleterre, où elle atteint le plus haut prix pour les tables des lords.

« La rusticité de la race morbihannaise est proverbiale. Aussitôt sa naissance, le veau est envoyé dans les landes vers le midi. Au bout de huit à dix jours il est sevré et nourri avec du son délayé et un peu de lait de beurre. Lorsqu'il atteint deux mois, il est considéré comme assez fait pour pâturer sur les landes et se contenter de cette pauvre alimentation. Si c'est une femelle, on la livre à neuf mois au taureau.

« Le cultivateur ne choisit pas pour reproducteur l'animal le plus parfait de formes, mais celui dont le pelage contient le moins de poils blancs. *Pen dii math*, bonne tête noire ; *Penguen kaleth*, tête blanche dure au lait, disent les Bretons.

« Les taureaux saillissent à neuf mois. Aussi, que suit-il de cet accouplement entre deux animaux mal conformés et si jeunes ? — Un veau du poids de 8 à 10 kilog. J'en ai trouvé un ne pesant que 5 kilog. ! A l'Exposition de 1856, un taureau n'a donné, poids vif, que 150 kilogrammes !

« Le commerce auquel donne lieu la vache bretonne est très-étendu. A époque fixe, des acheteurs du midi et du nord de la France viennent en enlever une grande quantité. On en expédie jusqu'en Espagne. »

Je lis ce qui suit dans une lettre de M. Salomon à Baudement.

« J'ai vendu mon taureau premier prix du Concours universel de 1856 à M. le baron de Riese, au prix de 850 francs. M. de Riese, propriétaire en Bohême, a adopté la race bretonne pour sa montagne.

« La ferme-école de Poussery se félicite d'avoir introduit dans la Nièvre la race bretonne. Nous avons importé jusqu'ici trois cents animaux, taureaux ou vaches : mon taureau était né à Poussery d'une vache achetée à la foire de Carhaix. »

M. Armand Trochu signale le croisement qu'il a fait de la vache morbihannaise avec le taureau écossais d'Ayr. La race, dit-il, perd un peu alors de sa finesse et de la souplesse de son tissu; mais elle gagne considérablement en perfection de formes, en développement des muscles et en disposition à l'engraissement, malgré l'épaisseur de son cuir. Les métis conservent toutes les qualités laitières du type local. J'ai dans mes étables des vaches Ayre-bretonnes qui me donnent 16 litres de lait dès le premier vêlage.

M. Trochu parle de deux bœufs Ayre-bretons, âgés de trois ans, mis à l'engrais, pesant l'un 345 kilogrammes, l'autre 370 kilogrammes, qui ont attent 550 et 580 kilogrammes.

On sait combien la viande du bœuf breton est estimée en Angleterre; mais l'exportation ne se borne pas aux animaux vivants. Les départements du Finistère et des Côtes-du-Nord vendent aux Anglais, depuis fort longtemps, une grande quantité de viande destinée à être convertie en conserves dans les grandes fabriques alimentaires des ports d'outre-Manche.

Il est encore en Bretagne un bétail, celui des environs de Rennes, dont on a voulu faire une race. C'est, en réalité, un bétail fort mélangé, mais en voie de formation. Sa robe est pie-rouge, avec le mufle rose et le tour des yeux lavé. La vache rennaise est très-bonne laitière, elle donne du beurre d'excellente qualité et 16 ou 18 litres de lait après le vêlage. Son rendement moyen est évalué par M. A. Trochu à 8 litres. Le bœuf est fort et osseux, il pèse de 550 à 650 kilogrammes, très-bon travailleur, mais s'engraisse difficilement.

Sur plusieurs points de la Bretagne, on a importé le taureau de Durham. La Société d'agriculture de Brest, présidée par M. Francis de Kerjegu, M. O' Goury, dans le Léon, MM. de Pompery, dans le canton de Faou, sur les limites du pays de Corwaill et de Léon, M. de

Saisy dans le pays de Carhaix, le comice de Guingamp, notamment, ont obtenu d'excellents résultats avec le croisement durham-breton.

Race normande. — C'est sur les plantureux herbages du littoral de la Manche, depuis le golfe de Saint-Malo jusqu'au cap de la Hague d'un côté, jusqu'à Dieppe de l'autre, et dans tout le pays compris en deçà de la ligne droite, tirée entre Avranches et Mantes, et bornée à l'est par la Seine, qu'habite la race normande appelée aussi cotentine.

Les caractères de la race sont : la tête forte, le front étroit et bombé, l'oreille épaisse, le cornage court, fin, le plus souvent blanc : le fanon peu développé sous la gorge ; le pelage varié, où se rencontrent toutes les nuances du rouge, presque toujours mélangé de blanc. La robe du normand offre une particularité qui n'appartient qu'à elle ; ce sont des taches noires ou brunes se montrant sur le corps, perpendiculairement à la terre. Le pelage, appelé *bringé* dans le pays, se rencontre principalement dans la région ouest avoisinant le pays manceau.

Aucune autre race ne présente un squelette aussi énorme que la cotentine. L'encolure est massive avec un fanon tombant, la poitrine est étroite, peu descendue, déprimée derrière, l'épaule plate, la ligne du dos longue, est droite et saillante, le flanc large et creux, la croupe dépourvue de muscles comme la cuisse, la queue attachée haut. Les membres sont longs et énormes. Tout, enfin, annonce chez elle une maturité tardive. En revanche, la vache accuse, au plus haut degré, l'aptitude laitière.

Le bœuf normand ayant, pendant de longues années, figuré presque seul aux fêtes du carnaval parisien, on a cru jusqu'ici qu'il était le premier animal de boucherie de notre pays. C'était une grande erreur ; à tous les points de vue, le mastodonte cotentin est le dernier des producteurs de viande. Aujourd'hui les bœufs gras que la boucherie promène en chars par les rues, ne sont déjà plus exclusivement choisis selon les règles du passé. L'éducation zootechnique se fait. Voici ce que disait Baudement en 1856, dans ses observations sur les bœufs du carnaval :

« Ces six bœufs présentaient, en général, les défauts de la race cotentine, principalement l'étroitesse du thorax derrière les épaules et la longueur disproportionnée d'un flanc creux... Le bœuf *Sébastopol*, placé le premier, était un peu enlevé et ensellé ; une immense distance séparait l'épaule de la cuisse, le ventre s'y était développé à l'aise, retombait en panse, et faisait fléchir sous sa masse la ligne vertébrale. Que de bottes de fourrages pouvaient tenir dans cet antre !... En somme, les six bœufs frappaient d'abord par leur masse, mais laissaient tout de suite soupçonner leur infériorité comme consommateurs et utilisateurs de la ration. »

Le plus petit de ces bœufs mesurait au garrot 1^m,65, le plus grand 1^m,72. Le premier a donné, poids vif à l'abatage : 1,280 kilogrammes ; poids des quatre quartiers, du cuir et du suif, 999 kilogrammes ; poids des quatre quartiers seuls, 795 kilogrammes ; poids du suif, 135 kilogrammes ; poids du cuir, 69 kilogrammes ; poids des issues, 280 kilogrammes. Le second a donné, poids vif, 1,135 kilogrammes.

Baudement concluait, d'après les faits et en comparant les bœufs du carnaval aux bœufs de Poissy, sous le rapport de la valeur à l'étal, que les bœufs des jours gras étaient d'une qualité moyenne au-dessous de laquelle restaient seulement neuf des quarante-trois bœufs primés au concours, mais au-dessus de laquelle s'élevaient quatorze de ces bœufs. Ce n'était donc, disait Baudement, qu'avec les animaux d'élite du

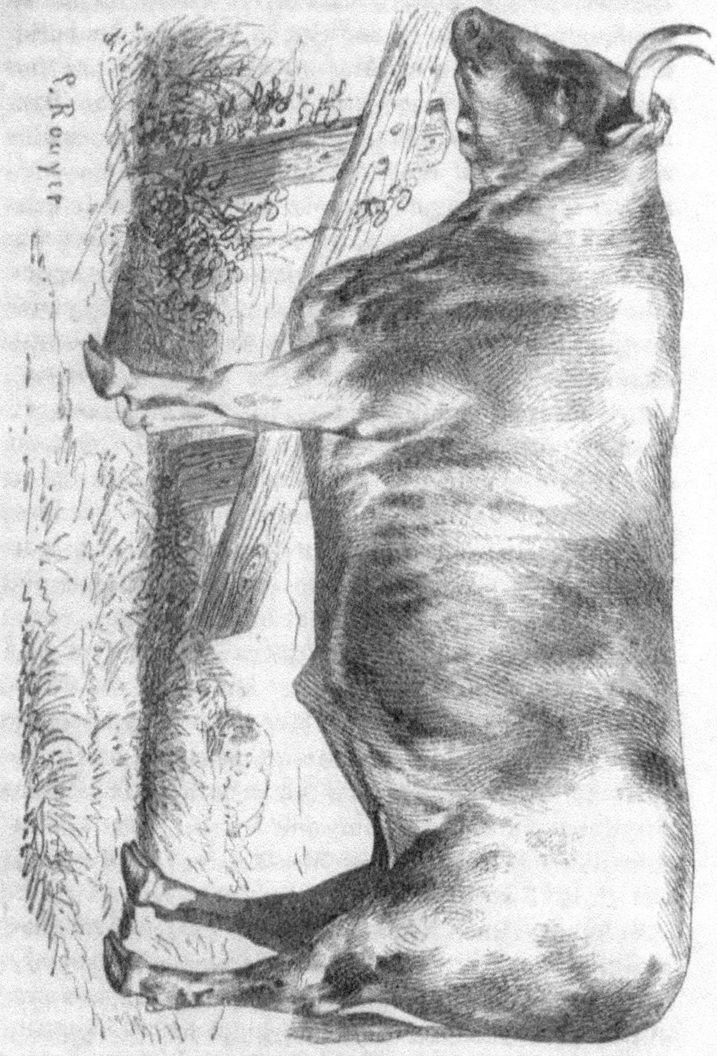

Fig. 5. — Bœuf normand.

concours de boucherie que pouvaient lutter de qualité les bœufs des fêtes du carnaval.

L'infériorité de ces derniers, au point de vue du poids, était encore plus saisissante. Dans aucune des catégories du concours de Poissy, le rendement, en poids net, celui qui caractérise la bête de boucherie, n'était descendu aussi bas qu'il était arrivé pour les bœufs du carnaval. « Qu'on fasse porter, disait Baudement, la comparaison sur la race, sur l'âge, sur la région, ou qu'on l'établisse sur l'ensemble des animaux ; qu'on mette en parallèle le rendement, la qualité ou la conformation, le résultat est toujours le même. » Le poids absolu seul est supérieur. La raison en est dans la masse de l'ossature, dans la forte proportion d'os, de *réjouissance*, comme disent les bouchers.

Ces observations indiquent les progrès qui restent à réaliser pour amener la race normande à fournir la quantité de viande que les riches pâturages où elle vit promettent à l'alimentation publique.

Spécialisée jusqu'ici en vue de la production laitière, la race cotentine se place, sous ce rapport, au premier rang. Le rendement moyen d'une vache normande est évalué à 22 litres de lait. On cite des laitières donnant jusqu'à 40 litres et même au delà. Une partie de ce lait vient à Paris, où le nombre des vacheries diminue sensiblement ; une autre est absorbée par les grands centres de population normande. Enfin, une autre encore sert à la fabrication des fromages dits de Camembert, de Neufchâtel, de Livarot, etc.

Si le lait de la vache normande n'est point riche en principes butyreux, le goût de sa crème est exquis. Le beurre de Gournay, celui plus célèbre encore d'Isigny, sont réputés au loin. Cette dernière localité exporte annuellement 3,500,000 kilog. de beurre. M. de Sainte-Marie, directeur aujourd'hui au ministère de l'agriculture, a expérimenté qu'il ne fallait pas moins de trente-cinq litres de lait pour faire un kilogramme de beurre. Si l'on compare ces chiffres à ceux que j'ai donnés tout à l'heure, en parlant de la vache bretonne, on voit que tout l'avantage reste à celle-ci. Il n'en faudrait pas conclure qu'il y aurait avantage à entretenir les petites morbihannaises dans le Cotentin. La chose ne serait ni possible ni conseillable à aucun point de vue. Les milieux ont des exigences qu'il faut savoir respecter.

Mais ce qui ne nous paraît pas discutable, c'est l'utilité qu'il y aurait pour les éleveurs de la Normandie de donner à leur race bovine et plus de précocité et plus de facilité à l'engraissement, à corriger ceux de ses défauts que nous avons mis en relief tout à l'heure. Partout, dans cette région, l'amélioration est désirable, mais elle l'est peut-être davantage encore dans les parties où l'on s'occupe spécialement de l'engraissement. Que le Cotentin et le Bessin, adonnés à l'industrie beurrière et laitière, craignent de leur nuire en modifiant, même légèrement, la construction de leur race, cela se conçoit, bien que l'expérience, d'accord avec la science, n'encourage point cette prévention ; mais, en dehors de ce petit cercle, il n'y a pas d'hésitation possible. L'amélioration est exigée par tous les intérêts.

Maintenant quels seraient les moyens à employer pour arriver à cette transformation ? Il est un fait indéniable, c'est qu'il ne peut être là question du régime, la race étant placée dans les meilleures conditions possibles de nourriture. Restent donc la sélection et le croisement. Mais un choix intelligent, fait parmi les taureaux (toute vache ayant du lait étant admise à la reproduction), suffirait-il pour corriger des défauts de structure affermis par les siècles? Je ne le pense pas. On a certainement déjà vu quelques individus de la race se rapprocher exceptionnellement du type de boucherie mais ce sont là des cas, dus au hasard, ou peut-être plus sûrement à quelque influence étrangère. Je reste donc convaincu que, pour obtenir un résultat sérieux, il faut de toute nécessité recourir au croisement.

Quant au choix du type améliorateur, il n'est point embarrassant. Le sang des *Courtes de cornes* est depuis longtemps désigné, par la pratique intelligente, comme le seul qu'on doive adopter.

L'État semble partager cette opinion, puisqu'il a placé, au Pin d'abord, puis à Corbon, en plein Calvados, une vacherie d'animaux de Durham. Cependant il faut convenir que les éleveurs ne se sont point hâtés de profiter du voisinage, et que depuis trente ans, à quelques exceptions près, les jeunes taureaux de la vacherie nationale ont été achetés aux ventes annuelles par des agriculteurs venus d'autres contrées, du Maine et de l'Anjou, par exemple. M. le marquis de Saint-Pierre est l'un des très-rares éleveurs normands qui entretiennent la race de Durham, et encore la conserve-t-il dans toute sa pureté, ne se livrant guère au croisement ou au métissage. En revanche, MM. de Kergorlay, Hervé de Saint-Germain, marquis de Torcy, et quelques autres ont réussi à se composer des étables où le sang normand se trouve heureusement mêlé au sang des Durham. Les rendements obtenus par ces intelligents éleveurs normands, ceux qu'a plusieurs fois indiqués M. de Kergorlay, par exemple, ne laissent pas de doute sur les avantages de l'opération.

Je serais donc d'avis qu'un métissage, pratiqué dès le premier ou le second croisement, serait profitable au Cotentin et au Bessin, où l'on vise aux produits laitiers. Dans le reste du pays, au contraire, où l'on s'occupe d'engraissement, il serait plus avantageux de marcher plus avant dans le croisement, et d'aller même jusqu'à l'absorption complète de la race normande par le sang durham.

Race flamande. — L'école zootechnique allemande, et avec elle M. Hengereld, agronome hollandais, considère le bétail des côtes de la mer du Nord et de la Baltique comme ayant une origine commune. Les races de la Normandie, de la Flandre, de la Hollande, du Danemark, du Mecklembourg, de la Poméranie, du pays de Dantzig et aussi celles qui s'éloignent des côtes, telles que les races du Hanovre, d'Oldembourg, des régions du Rhin inférieur, du Limbourg et de la Belgique, présentent, dit M. Hengereld, les mêmes caractères principaux. Il n'y a là qu'un même type. Voici comment il le décrit dans son ouvrage sur *les Races bovines*, dont il avait pris soin de traduire lui-même quelques passages pour Baudement, et que nous avons trouvés dans les papiers de notre maitre et ami.

« Le corps est en proportion de la fertilité plus ou moins grande de la région. La ligne qui, de l'occiput passe par le col, le garrot, le dos, la croupe et jusqu'à la racine de la queue, est un peu convexe et la croupe inclinée. La tête est pesante, allongée, plus étroite que large, ne s'effilant pas en cône, mais se terminant par un large naseau. Le plus souvent les cornes sont disposées horizontalement, courtes et se rapprochent en formant une courbe. Le cou est allongé, grêle, creux ; la partie supérieure de la nuque, chez la vache, un peu voûtée, est large chez le taureau. Le fanon n'est ni lourd ni prolongé. Les épaules sont larges et maigres, surtout chez la vache ; la poitrine manque de profondeur. Le garrot est bas et aigu, le dos va en s'élargissant vers les lombes. La cage thoracique est le plus souvent étroite, mais le ventre est large. Les hanches sont distantes l'une de l'autre, les lombes et les fesses larges. Dans les régions stériles, le bassin se rétrécit manifestement et devient même pointu aux tubérosités ischiatiques. L'attache de la queue est déclive, implantée sur la croupe dans l'intervalle qui sépare les deux tubérosités de l'ischion largement espacées. La mamelle est ovale et grosse, et le miroir est large et élevé. Les membres sont longs, mais sans finesse, les postérieurs se rapprochant antalon, chez la vache principalement. Le taureau a les membres plus courts, plus forts et disposés verticalement.

Le seul caractère qui différencie le bétail hollandais du bétail flamand, et encore n'est-ce qu'un caractère secondaire, c'est la couleur. Le premier, répandu dans le monde entier, à raison de sa facilité à l'acclimatement, est partout reconnaissable à sa couleur pie-noir, le second à sa robe rouge-acajou. A quelles causes faut-il attribuer une si grande différence dans la couleur du type hollando-flamand ? Voilà ce qu'il ne m'est pas possible de dire. La chose n'a pas d'ailleurs une grande importance, car l'on sait combien il est facile à l'éleveur de fixer dans une race telle couleur qui lui convient. Étant donné un animal blanc ou noir, il suffit de rejeter de la production les sujets qui ne présentent point cette robe et d'allier, au contraire, entre eux ceux qui les possèdent. Les exemples d'une réussite complète sont fréquents dans l'espèce bovine et chevaline, à l'étranger surtout. Le Français n'a généralement pas assez de persévérance pour s'attacher à de semblables résultats.

La race flamande habite les départements du Nord, du Pas-de-Calais et de la Somme. On la rencontre aussi dans les départements de l'Oise, de l'Aisne et dans quelques étables des environs de Paris. Elle est

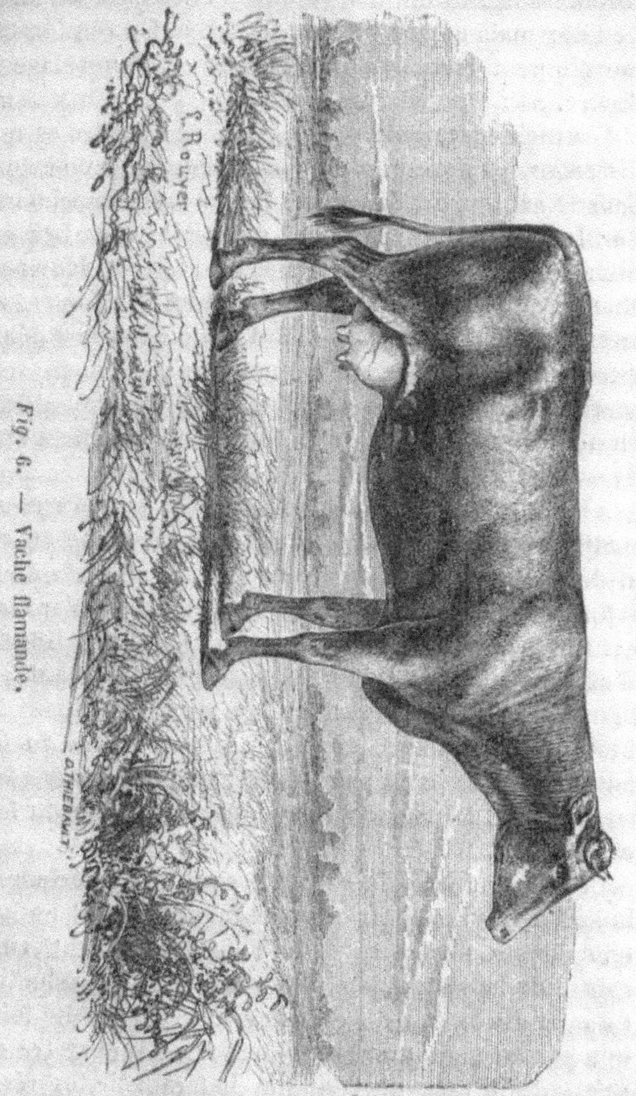

Fig. 6. — Vache flamande.

considérée par Guénon comme la plus grande laitière

que nous ayons. On voit, en effet, dans la Flandre, certaines vaches donner jusqu'à 35 et même 40 litres de lait ; mais ce sont des exceptions. Le rendement moyen peut être évalué à 16 litres d'un vêlage à l'autre.

Les meilleures laitières se trouvent dans les arrondissements d'Hazebrouk et de Dunkerque, et surtout dans le canton de Cassel, de Bergues, de Bourbourg, de Steenwordel, de Bailleul et de Merville. Les génisses sont conduites au taureau à l'âge de deux ans. Une bonne laitière se vend environ 450 francs. Le commerce des Flamands se fait toute l'année et généralement chez l'éleveur même. Les meilleures sont rarement conduites au marché. Les départements qui en importent le plus sont ceux de la Seine et de Seine-et-Oise.

Ajoutons que le lait des flamandes est pauvre en matière butyreuse. En revanche, il est riche en caséum ; aussi l'industrie fromagère est-elle très-développée en Flandre, dont le fromage, dit de Marolles, est fort réputé. Leurs veaux sont élevés en liberté, sans jamais être attachés, et au baquet, ne tétant pas leur mère. Ils ne boivent de lait pur que pendant les huit premiers jours, ensuite on leur donne du lait battu bouilli avec du pain. A trois mois, on les conduit au pâturage. L'hiver on leur donne à l'étable du foin et des fèves.

Si la race flamande se montre un peu inférieure à la hollandaise, sous le rapport du rendement en lait, elle dénote plus d'aptitude à l'engraissement. On a essayé de le développer davantage par l'introduction du sang durham, mais ces expériences n'ont été faites que par un petit nombre d'éleveurs. Au chapitre des métis de la race de Durham, je ferai voir les résultats obtenus. Ce que je puis dire tout de suite, c'est que l'agriculture flamande, satisfaite du produit qu'elle tire de la race locale, n'a point imité les rares exemples. Elle a craint, d'une part, que le croisement ne vînt diminuer l'aptitude laitière de la race, et surtout qu'il ne modifiât sa couleur rouge, signe auquel la race flamande se reconnaît immédiatement sur le marché et auquel le commerce attache du prix.

Race jurassienne. — Jusqu'ici on a classé le bétail qui peuple l'ancienne province de Franche-Comté, les prairies de la vallée de la Saône, les montagnes du Jura et les marécages de la Dombes en plusieurs races, à savoir : la race comtoise, la race femeline et la race bressane ; mais ce ne sont là que les variétés d'une même souche, — le type jurassien, qui s'étend aussi sur l'autre versant du Jura. Des attitudes différentes ont nécessairement modifié les caractères secondaires de la race, mais les caractères typiques sont les mêmes chez ces trois variétés : crâne large, front bombé, œil petit et à fleur de tête, chanfrein aplati, cornes plantées haut, se dirigeant en arrière et en bas, mais relevées vers la pointe, fanon ample.

Le groupe comtois peuple toute la chaîne du Jura français, les départements du Doubs, du Jura et de l'Ain. C'est lui qui alimente les fromageries dont un grand esprit, un illustre écrivain m'entretenait au mois d'octobre 1865, dans l'une des lettres qu'il voulait bien m'adresser dans le journal *le Temps*.

L'organisation des fromageries franc-comtoises n'est autre chose, comme on va le voir, qu'une application du principe de l'association sous la forme coopérative.

Voici comment Daniel Stern parle des fromageries de Saint-Lupicin, qu'on appelle des *fruitières*.

« C'est d'instinct aussi, c'est par la naturelle impulsion des choses, bien plus encore qu'à l'imitation des

pays voisins, que se sont formées, dans le Jura, ces
sociétés pour la fabrication du fromage, qui représen-
sent, comme je vous le disais, la richesse naturelle de
ces montagnes. Rien d'analogue dans les provinces
que nous avons habitées, ni en Anjou, ni en Touraine,
ni dans la Brie, ni dans la Bretagne. C'est ici l'institution jurassienne par excellence, et c'est pourquoi je
tiens à vous la faire connaître.

«Vous savez que la fabrication des fromages est, pour
les montagnards du Jura, l'objet d'une exportation
considérable. Les fromages sont de deux espèces : le
septmoncel, qui ressemble au roquefort; le *vachelin*,
très-analogue au gruyère, et qui se vend sous ce nom.

« Le *septmoncel*, qui se fait dans la haute montagne,
n'entre que pour un centième dans l'exportation générale. Comme il ne se prépare pas en grand, et
qu'une grande masse de lait n'y est pas nécessaire, il
ne sort pas du domaine de la propriété. Le *vachelin*,
au contraire, ne pouvant pas se faire, si l'on ne réunit
le lait d'un grand nombre de vaches, il n'y aurait eu
que les riches propriétaires à s'enrichir du produit de
leur étable, si les pauvres, par l'association, n'avaient
suppléé à l'insuffisance de la propriété privée.

« L'organisation des fromageries ou *fruitières* (c'est
le nom local), n'a pas d'autre origine.

« Pour entretenir une *fruitière*, la réunion de cinquante vaches est de première nécessité. Mais, l'exploi-
tation étant d'autant plus avantageuse qu'elle a lieu
sur une plus grande échelle, on s'arrange pour dé-
passer le plus qu'on peut ce nombre indispensable.
Le premier soin des associés est de construire ou de
louer un chalet pour y établir la manipulation, et de
choisir un bon *fruitier*, un montagnard à la fois habile
aux procédés de la fabrication (ces procédés importent
à l'excellence des fromages autant et plus encore,

dit-on, que la qualité du lait), et parfaitement intègre dans la tenue d'une comptabilité où la fraude ne serait pas malaisée. On installe ce fruitier dans le chalet, garni de tous ses ustensiles : la grande chaudière en cuivre, les baquets en sapin, l'égouttoir, les moules qui déterminent la forme des fromages, etc. Le magasin, où on les conserve pendant plusieurs mois, jusqu'à la venue des marchands qui les achètent en gros, est sous le même toit, de façon que tous les soins et toute la surveillance soient concentrés et faciles. Chaque associé apporte journellement à la *fruitière* la traite de sa vacherie. Le fruitier l'examine (de sévères amendes, suivies de l'exclusion du sociétaire, punissent le mélange de l'eau ou toute autre falsification du lait); il pèse la quantité fournie par chacun; il en prend note et la marque au moyen d'une entaille dans un morceau de bois qui tient lieu, à lui et à tous, de registres et d'écritures. L'évaluation de l'apport et la répartition du bénéfice se font de la manière la plus équitable et la plus simple. Le premier jour de la manipulation, tous les produits de la *fruitière* appartiennent à celui qui a fourni la plus grande quantité de lait. Mais, comme on en a manipulé beaucoup plus qu'il n'en a livré, il reste débiteur de la société pour l'excédant, et, son tour étant passé, on ne *fromagera* plus pour lui que lorsque, sa dette payée, il sera de nouveau en avance avec la *fruitière*, et son créancier le plus fort.

« Quant aux contestations qui pourraient survenir, en l'absence de tout acte notarié, elles sont réglées par le syndicat qui préside à l'exécution des règlements, et dont les décisions ont force de loi. Ces contestations sont, d'ailleurs, extrêmement rares dans ce pays de probité, parmi des gens qu'anime un grand esprit de justice avec l'intelligence de leur intérêt véritable. Depuis plus de soixante ans qu'elle est fondée, et dans unefabrication d'environ 20,000 kilog. par saison, la *fruitière* de Saint-Lupicin n'a vu s'élever, m'assure-t-on, aucune contestation sérieuse.

« Vous le voyez, mon cher Guy, je n'avais pas tort de vous dire que ces associations jurassiennes ne ressemblent à rien de ce que vous connaissez. Les économistes s'en sont préoccupés, et très-justement. C'est une institution communiste, s'il en fut; et je m'étonne parfois que, au temps de nos grandes frayeurs proudhonniennes, on ne l'ait pas signalée comme un péril social.

« A sa dernière session, le Conseil général d'un département voisin constatait, comme à regret, qu'une telle institution était, pour le pays qui l'a créée, « une cause de prospérité. » Après avoir examiné, avec quelque défiance, les usages anciens qui règlent la fabrication des fromages, il déclarait qu'ils sont « une exception au principe des sociétés ordinaires ; » mais une exception utile, indispensable à tel point, qu'on n'avait pu, sans « de graves inconvénients et de graves désordres, » essayer de les abolir. Conséquemment, se résignant pour cette fois à subordonner les principes à l'expérience, le Conseil approuvait, à l'unanimité, un projet de loi qui viendrait enfin régulariser et confirmer une organisation trouvée d'instinct, il y a de cela plusieurs siècles, par le bon sens et par la bonne foi populaires... »

Voici maintenant comment M. Guilleg, agriculteur à Saint-Remy (Haute-Saône), s'exprime sur la race femeline. Je tiens cette note de mon maître regretté, E. Baudement :

« C'est dans les cantons de Saint-Loup-sur-Angrone, d'Amance, de Vanvillers, de Jussey, de Vitrey, de Combeaufontaine, de Scey-sur-Saône, de Port-sur-

Saône, de Vesoul, de Dampierre-sur-Salon, de Champlitte, de Gray, de Pesme, etc., que la race femeline se trouve dans son plus grand état de pureté. Ainsi elle rayonne autour de la Saône depuis Jussey jusqu'à Gray, ailleurs cette race ne se trouve que par exception. Ses caractères distinctifs sont : couleur froment, café au lait avec reflet soyeux argentin, assez souvent tacheté de blanc, surtout à la tête ; museau couleur de chair, cornes fines et blanches ; tête et jambes sèches, surtout pour la vache ; peau souple et fine.

« L'engraissement de cette race se fait toujours à l'étable et jamais à la pâture, parce qu'elle y devient grasse trop vite et ne grossit pas. Ce sont des spéculateurs qui, dans les cantons susnommés, engraissent les bœufs femelins. Ordinairement ces bœufs sont gardés par le propriétaire jusqu'à l'âge de quatre à cinq ans, parce que c'est seulement à cette époque qu'ils ont atteint leur développement, aussi cette race est-elle réputée peu précoce. Le bœuf femelin gras se vend sur place à des marchands qui le transportent à Nancy, Reims, Châlons-sur-Marne, et même à Paris, où la viande en détail se vend de 10 à 20 centimes le kilog. plus cher que toute autre viande de bœuf, tant sa qualité l'emporte sur les autres espèces de la race bovine.

« Les bœufs de la race femeline sont plus forts, plus robustes et plus actifs, ils supportent surtout la chaleur et les intempéries beaucoup plus facilement que les bœufs de toute autre race. La vache, généralement de faible taille, d'un facile entretien, abondante en lait, donne des veaux superbes et quelquefois d'une taille pour ainsi dire extraordinaire, comparativement à la petitesse de la mère.

« En moyenne, une vache donne par an 2,300 litres de lait ; il n'est pas rare d'en trouver qui donnent jusqu'à 3,000 et même 3,500. Le moindre des avantages qu'a procuré la race femeline n'est peut-être pas celui d'avoir donné naissance à la précieuse race dite de l'Ognon, race que cependant on ne voit mentionnée sur aucun catalogue des concours, mais à laquelle font grand honneur les marchands dits flamands, qui tous les ans viennent aux foires des bords de l'Ognon, Villersexel surtout, et enlèvent par milliers les bœufs de cette race (en moyenne huit mille par an). Cette sous-race, dite de l'Ognon, a été formée par le mélange des femelins et des comtois. Elle réunit à la fois les qualités et les avantages de la race femeline, avec ceux de la belle et grande race des montagnes du Doubs; on pourrait presque dire que la race de l'Ognon a su prendre ce que ces deux races ont de bon sans presque en prendre les défauts.

« La rive droite du bassin de l'Ognon s'appuie sur l'ensemble du bassin de la Saône, et la rive gauche de l'Ognon s'appuie sur l'ensemble du bassin du Doubs; l'Ognon arrose de fertiles contrées, riches en bonnes prairies. Cette race bovine de l'Ognon est connue et recherchée depuis plusieurs siècles.

« Le poids vif, en moyenne, d'un bœuf de travail est de 450 kilos; d'un taureau, 550 kilos; d'une vache, 300 kilos; d'un veau à l'âge de six semaines, 60 kilos. Le poids vif d'un bœuf de boucherie comtois femelin est de 600 kilos; les quatre quartiers, 288 kilos.

Suif	45 kilos.
Cuir	40 —
Issue	32 —
Poids mort	405 —

« Les données du bœuf de boucherie viennent d'un des meilleurs bouchers de ce pays.

« Les centres de consommation pour la race femeline sont surtout Nancy, Reims, Châlons-sur-Marne, Fontaïnebleau et Paris, où ils arrivent tant par la voie de fer que par la voie de terre.

« Les comices agricoles de la Haute-Saône n'ont, à ma connaissance, aucun document sur la race femeline, et ce que je viens d'avoir l'honneur de vous détailler est, je crois, l'exposé assez exact de l'opinion générale sur la race femeline, et, s'il m'était permis de le dire, le résultat de l'expérience que j'ai acquise pour l'élevage d'un certain* nombre de sujets de cette race. »

Le troisième groupe de la race jurassienne est à la fois moins fin, plus petit et plus compacte dans les formes que la variété femeline. On le rencontre dans la Haute-Saône et dans les Dombes. On emploie les bœufs pour le travail et l'on exporte la masse des vaches.

Races de boucherie. — Me voici parvenu au dernier terme de mon travail sur les races bovines françaises. Après avoir suivi le bœuf, traçant sous le joug le sillon de la culture triennale, après avoir vu la vache nous donnant dans d'autres contrées le lait de ses riches mamelles, vendu bientôt aux grands centres de population et transformé ici en beurre, là en fromage, il me reste à examiner les races qui, conformées ainsi que nous l'avons vu, sont plus spécialement destinées à produire économiquement la viande.

Cette conformation spéciale ne se trouvait, il y a peu d'années encore, qu'à l'état d'exception dans notre pays. Tout le bétail français livré au travail n'était élevé qu'en vue de cette destination. L'abattoir était considéré comme un terme fatal, il est vrai, mais nullement comme un but qu'il s'agissait d'atteindre le plus vite possible.

Aujourd'hui que des principes plus rationnels dirigent l'agriculture, que l'aisance, si ce n'est encore la richesse, commence à remplacer la misère d'autrefois, que le bien-être pénètre laborieusement dans les classes populaires, la viande joue dans l'alimentation un rôle de plus en plus considérable, et constitue un besoin nouveau qu'il s'agit de satisfaire.

L'élevage français, entrant dans la voie qui doit conduire à ce *desideratum*, s'est mis presque partout à l'œuvre. Les uns, secondés par les circonstances, par les climats, par la nature des pâturages, par l'état de l'agriculture locale, ont marché vite ; les autres, au contraire, avancent plus lentement, retardés par des obstacles que le progrès se chargera d'abattre avec le temps.

A cette question : Y avait-il, en France, il y a trente ans, des races de boucherie proprement dites, c'est-à-dire répondant au portrait que j'en ai tracé plus haut, on peut hardiment répondre : Non. Avant l'importation de certaines races étrangères, on ignorait chez nous ce que devait être le bétail de boucherie. Nous n'allons donc trouver, dans ce dernier chapitre, qu'une race d'origine étrangère, mais devenue française, puisqu'elle se reproduit et qu'elle se maintient sur notre sol avec tous ses caractères constitutifs, sans que la dégénérescence se soit encore montrée, et en outre une population de métis qui en proviennent.

La France ne possède donc, à proprement parler, aucune race de boucherie dans l'espèce bovine. Mais, par droit d'importation ou de conquête, elle compte maintenant deux races, dont l'une se conserve à l'état de pureté dans quelques provinces, c'est la race anglaise de Durham, et l'autre connue sous le nom de race charolaise. En leur adjoignant les métis-Durham, on aura ce qui constitue aujourd'hui, chez nous, les races de boucherie. Il appartient maintenant à l'avenir de profiter de l'enseignement actuel pour augmenter ce trop court catalogue.

Race de Durham. — C'est en 1833 que MM. de Sainte-Marie et Yvart furent chargés par le gouvernement français d'importer en France la race de Durham, d'abord connue en Angleterre sous le nom de Tees-Water, à cause de la petite rivière de la Tees dont elle habite les bords, dans le comté d'York et de Durham. Depuis sa régénération, on nomme aussi les Durhams *Short-Horned*, c'est-à-dire Courtes-cornes.

Deux établissements placés en Normandie et en Nivernais reçurent les premières importations de cette race. Les deux provinces qui la recherchèrent tout d'abord et qui l'ont depuis multipliée davantage sont l'Anjou et le Maine. Dans Maine-et-Loire les plus célèbres vacheries d'animaux de Durham sont celles de MM. de Danne, de Falloux et d'Andigné de Mayneuf; dans la Mayenne, celles de MM. de la Valette, du Buat, de Sainte-Marie, Gernigon et de la Tullaye. Chaque année, les concours régionaux, comme l'exposition générale des animaux gras à Paris, prouvent que la race de Durham est florissante sur le sol français. En voyant les produits de nos éleveurs, on s'étonne que l'État persiste à maintenir l'existence de ses établissements d'élevage, qu'il s'agisse de chevaux, de moutons ou de bêtes à cornes.

Voici ce que j'écrivais dans la *Presse*, en 1865, au sujet de l'intervention de l'État dans la production des animaux domestiques. On va voir que l'article écrit sous l'inspiration des éleveurs de Durham pur sang n'a rien perdu de son actualité.

On l'a dit maintes fois, à propos de religion, de politique, d'économie sociale, de beaux-arts, d'agriculture, la France compte toujours beaucoup trop sur

l'État, auquel elle demande toutes choses, comme si le
gouvernement tenait un immense bazar où chacun

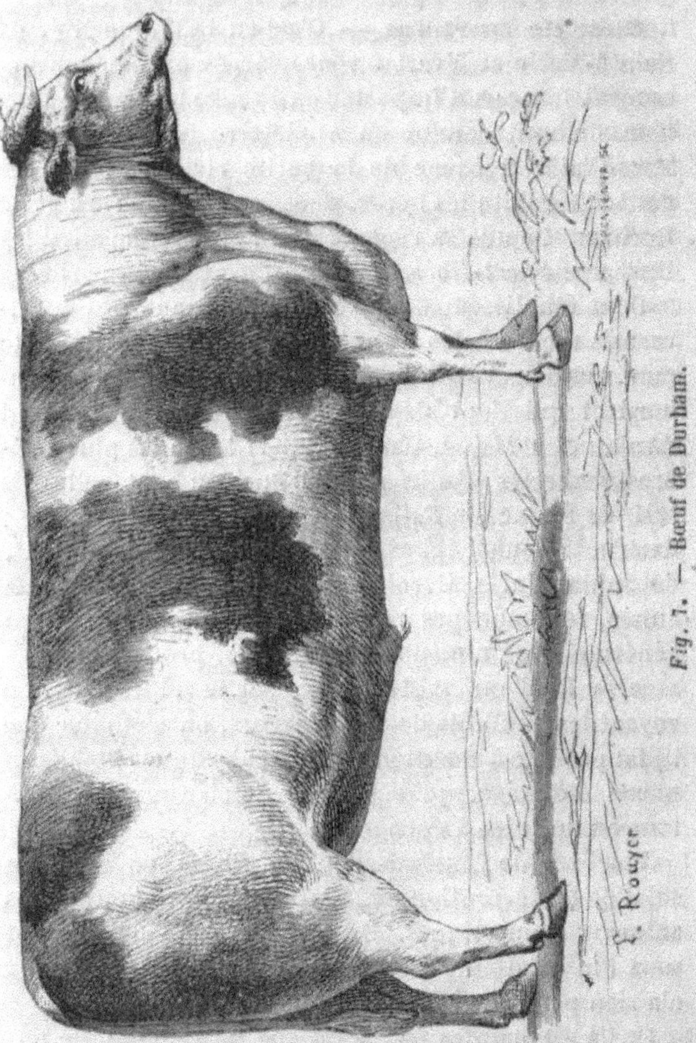

Fig. 1. — Bœuf de Durham.

pourrait s'en aller puiser sans bourse délier. Nous n'a-
vons point assez confiance dans l'initiative indivi-

duelle, l'esprit d'association non plus n'est point encore né chez nous. Il nous semble que toutes les réformes, tous les encouragements, toutes les subventions que nous réclamons de l'État ne nous coûtent rien. Nous ressemblons à celui qui, remettant à son banquier ses revenus d'une année, puiserait sans cesse et sans mesure dans la caisse de ce dernier sans s'apercevoir qu'il mange son propre fonds. Ces réflexions me sont suggérées par ce qui se passe autour de nous dans le monde agricole, où l'estampille officielle jouit d'une grande vogue. S'il est du devoir de quiconque tient une plume de combattre cette fâcheuse tendance, de s'efforcer de déraciner cette détestable habitude, il est aussi du devoir du gouvernement de couper les lisières de tous ceux qui sont en état de marcher seuls sans trébucher. C'est à ce double point de vue que j'ai combattu en même temps l'opinion qui réclamait l'intervention directe de l'État, dans la production chevaline, et l'administration lorsqu'elle s'obstinait à s'imposer au pays.

Quel est le rôle de l'État en matière d'améliorations agricoles? Telle est la question. Ce rôle doit se borner à susciter les efforts individuels, à les encourager, non par des exemples que souvent des particuliers ne pourraient pas suivre, mais par des moyens indirects, tels que les primes. Ainsi croit-on, par exemple, que l'industrie chevaline ne serait pas tout aussi avancée si le gouvernement, au lieu d'avoir élevé pendant de longues années, dans ses écuries, des étalons qui revenaient, à cinq ans, à la somme fabuleuse de 14,000 francs, se fût contenté d'accorder à tels chevaux qui lui auraient convenu une pension proportionnée à leurs mérites? Croit-on que les éleveurs n'eussent pas appris tout autant à leur propre école qu'à celle du Pin ou de Pompadour, où des pratiques trop coûteuses ne pouvaient être prises pour modèles? Croit-on maintenant que l'amélioration de nos races bovines ne se serait pas tout aussi bien produite sans la création de la vacherie nationale, installée d'abord au Pin en 1833, puis à Corbon? Croit-on que chacun n'y eût pas gagné autant, si le gouvernement se fût contenté de promettre une prime importante à tout éleveur qui importerait en France des reproducteurs de la race de Durham? Croit-on qu'il n'eût pas mieux agi en donnant surtout à quelques fermiers intelligents, reconnus pour de bons *nourriciers*, les premiers animaux qu'il avait fait venir d'Angleterre? Croit-on que l'argent dépensé à construire une vacherie, une maison d'habitation pour l'agent ministériel et ses employés, à entretenir les uns et à payer les autres, n'eût pas reçu un meilleur emploi s'il eût été réparti entre un certain nombre de particuliers? Croit-on que la propagation de ces animaux améliorateurs ne se fût pas faite tout aussi bien, si ce n'est même beaucoup plus vite? A toutes ces interrogations, qui oserait repondre négativement?

Aujourd'hui, il ne s'agit plus de revenir sur le passé. On a suivi, à mon avis, une mauvaise voie, mais enfin il n'en est pas moins vrai que le bien s'est produit. Le chemin tracé et indiqué par le gouvernement a été suivi. Les plus riches, les plus avancés en culture ont tout de suite introduit chez eux la race pure ; les autres se sont contentés de l'introduction des mâles étrangers pour opérer avec eux le croisement de leurs races locales. Dans presque tous les pays où l'infusion d'un sang nouveau et régénérateur a été reconnue nécessaire, on a vu s'élever des établissements où la race pure est entretenue dans d'excellentes conditions, par cette simple raison que les particuliers y sont poussés par leurs propres intérêts. Il y en a en Normandie, en Anjou, dans les provinces du centre, sur tous les points où ils ont leur utilité.

Mais est-ce à dire qu'il n'en faudrait pas davantage? que les établissements déjà existants sont tous florissants? Non, assurément. Sait-on pourquoi? C'est que l'État leur fait concurrence... Chacun court comme au feu tous les ans à la vente de la vacherie de Corbon, dont les produits se vendent à des prix énormes. D'où vient cette faveur exceptionnelle? Est-ce que les animaux y sont d'un sang supérieur à ceux des particuliers? Sont-ils mieux soignés, mieux nourris, plus beaux? Non, les animaux de Corbon ne sont ni mieux nés, ni mieux élevés, ni mieux réussis que ceux de certaines étables que je pourrais citer; mais ils ont une grande qualité, une grande supériorité, aux yeux du public : ils sortent d'un établissement du gouvernement. Par ce fait seul, un taureau acquiert une valeur de 50 0/0.

Qu'on ne croie pas que j'exagère, c'est la stricte vérité. C'est qu'en effet il y a en France plus d'amateurs que de vrais connaisseurs; c'est que l'étiquette du sac joue chez nous un très-grand rôle; c'est que l'on s'imagine que les animaux de l'État sont des veaux d'or qui ne peuvent produire que de l'or; c'est que l'éleveur espère, non sans quelque raison, imposer aux jurys dans les concours régionaux en présentant un taureau inscrit au catalogue avec cette rubrique : « *Né à la Vacherie impériale de Corbon !* » Pour preuve de ce que j'avance, qu'on essaye de ne pas admettre dans les concours les animaux nés dans les établissements de l'État, et l'on verra si la moyenne des ventes se maintiendra au taux actuel !

Sait-on ce qui se passe au moment même où les reproducteurs, portant l'estampille de l'État, atteignent de si énormes enchères? C'est qu'il y a telle ferme qui regorge de taureaux de pur sang, qu'il faut enfin vendre à des prix modiques, insuffisants. Est-ce parce qu'ils sont mauvais? Non, tout le monde le sait; mais il leur manque l'estampille tant recherchée! Personne, que nous sachions, n'a encore dit la vérité sur cette intervention directe de l'État dans la production de la race de Durham. Eh bien! tout en rendant justice aux directeurs successifs de la Vacherie de Corbon, j'ai cru devoir la dire, sans acrimonie, sans parti pris, bien persuadé d'ailleurs que le gouvernement est disposé à abandonner la concurrence qu'il fait à l'industrie privée. Comment en douterions-nous en voyant ce qui se passe dans l'administration des Haras, en lisant le discours prononcé par M. le ministre de l'agriculture le jour de la séance publique annuelle de la Société impériale et centrale d'agriculture de France?

M. Béhic finissait ainsi son allocution, qui a provoqué de chaleureux et unanimes applaudissements: « En pareille matière, messieurs, les gouvernements ne peuvent à peu près rien, s'ils ne marchent d'accord avec la disposition générale des esprits, et s'ils ne sont secondés par les efforts individuels. *L'agriculture serait peu de chose si elle était réduite à n'être qu'officielle.* C'est donc à vous, messieurs, savants illustres, riches propriétaires, esprits curieux, agronomes intelligents et pratiques, que revient dans l'œuvre commune le rôle le plus important. *Notre rôle, à nous, rôle utile, bien que secondaire, c'est d'encourager vos efforts, de les diriger dans la mesure qui nous appartient, de nous en approprier les résultats et d'y applaudir.*

M. le ministre d'État, dans un récent discours à propos des Haras, a tenu à peu près le même langage. Répondant à un orateur qui prétendait que la race de Durham était en décadence en Angleterre, ajoutant que la Vacherie de Corbon était « le plus sûr asile de cette race, » M. Rouher a très-bien relevé cette inexacte assertion d'un chauvinisme tout à fait hors de propos, en rendant justice aux étables des particuliers.

Lors de la dernière Exposition universelle, une pétition adressée au ministre de l'agriculture avait été signée par tous les éleveurs d'animaux de Durham. Cette pétition, qui, d'ailleurs, n'a point été envoyée, demandait que les établissements de l'État ne fussent pas admis à concourir, lors même qu'ils étaient passés entre les mains des particuliers. Aujourd'hui, nous sommes sollicité par un certain nombre des mêmes éleveurs à demander purement et simplement la vente totale et définitive de la Vacherie impériale de Corbon. L'esprit essentiellement libéral dont les circulaires de M. Béhic sont inspirées, circulaires qui ne sont que le corollaire développé du discours auquel je faisais allusion tout à l'heure, me sont un sûr garant que le temps est proche où l'État abandonnera complétement son intervention directe dans la production des différentes races d'animaux domestiques.

Avant de faire l'historique de la race de Durham, il faut fixer l'ensemble de ses caractères. Tête courte, front plat, chanfrein droit, cornes courtes jaunâtres, contournées en circuit ; oreilles petites plantées bas ; arcade orbitaire non saillante, œil à fleur de tête, mufle étroit et rosé ; queue à base large et à extrémité peu fournie de crins ; tronc cylindrique, absence de fanon, ampleur de poitrine, dos large et horizontal ; cuisse plate, membres courts et fins ; peau mince, poil cotonneux ; physionomie placide et distinguée. En somme, la conformation du bœuf *short-horned* est celle de l'animal de boucherie le plus perfectionné.

Aucun auteur n'a mieux résumé l'histoire de cette race célèbre que M. R. de la Tréhonnais. C'est donc au premier volume de sa *Revue agricole de l'Angleterre* que je vais emprunter le récit des phases par lesquelles est passé le bétail *tees-water* pour atteindre le degré de perfection où le génie anglais l'a fixé, pour répandre ensuite sur l'ancien comme sur le nouveau monde ce type incomparable.

Voici maintenant la version de M. de la Tréhonnais sur les origines de l'amélioration du bétail de Durham.

« Un jour, il y a de cela quatre-vingts ans, un agriculteur anglais, nommé Waistell, qui s'occupait déjà depuis plusieurs années de l'amélioration de la race bovine du district qu'il habitait, c'est-à-dire les bords de la rivière Tees, aperçut par hasard dans un petit chemin herbu et désert, aux environs de la ville de Darlington, un jeune veau mâle dont l'aspect le frappa. Il l'examina avec attention, et, ayant rencontré le propriétaire, entra immédiatement en pourparlers pour en faire l'acquisition. La somme demandée n'était que de 200 francs; mais ce prix, tout minime qu'il fût, excédait encore la valeur ordinaire d'un aussi jeune animal, parce qu'alors la race durham, à laquelle il appartenait, n'avait point encore cette célébrité qu'elle acquit plus tard. Waistell ne put se résoudre à donner cette somme et s'en retourna chez lui sans terminer son marché. Non loin de là, demeuraient deux frères nommés Colling, qui, eux aussi, s'occupaient activement de l'élève des bestiaux. En rentrant chez lui, Waistell rencontra un de ces deux frères, Robert, et, plein de confiance dans le jugement de cet éleveur dont la renommée se répandait déjà, il le pria de revenir avec lui voir le jeune taureau, afin de lui en donner son avis. Robert Colling examina l'animal avec ce coup d'œil judicieux de l'homme exercé qui ne se trompe jamais, et, malgré une réserve étudiée, fit assez voir à son compagnon l'estime qu'il en avait conçue pour le décider à en faire l'acquisition.

« Le lendemain matin, Waistell arriva de bonne heure chez le propriétaire et conclut le marché. Au moment où il remontait à cheval pour revenir chez lui, il aperçut Robert Colling qui arrivait, lui aussi, dans le but d'acheter l'animal : il était trop tard ; mais, chemin faisant, en s'en retournant vers Darlington, Robert Colling fut assez habile pour décider son compagnon à lui céder la moitié de la propriété de son acquisition.

« Ceci se passait en 1777 ; quatre ans plus tard, Charles Colling, frère de Robert, racheta ce taureau, qui n'était autre que le fameux Hubback, l'un des premiers ancêtres de la race améliorée de Durham...

« Ce serait une erreur profonde de croire que cette race durham est une création récente ; il est même certain que les frères Colling n'ont pas eu le mérite de l'améliorer, comme on le croit généralement, car il est avéré que, longtemps avant eux, il existait d'éminents éleveurs qui possédaient la race pure dans toute sa perfection, perfection qui n'a point été surpassée même par les éleveurs contemporains. Les frères Colling ne commencèrent point leur élevage avec des vaches communes. L'origine de leur troupeau remonte à deux vaches dont la généalogie était parfaitement établie....

« Ainsi, qu'on le sache bien, le mérite des frères Colling ne consiste pas dans l'amélioration d'une race qui existait depuis longtemps déjà sur les deux rives de la Tees, avec toutes les qualités et toute la perfection qu'elle possède aujourd'hui ; mais ce mérite consiste seulement dans le soin judicieux et le tact extraordinaire avec lesquels ils choisissaient leurs types reproducteurs de manière à combiner leurs aptitudes et leurs mérites pour les réunir et les fixer dans les produits....

« On a essayé plusieurs fois de définir l'origine de la race durham ; on a parlé d'importations de taureaux hollandais et de croisements de ces taureaux avec la race aborigène des bords de la Tees, mais tout porte à croire que cette assertion n'a absolument rien de fondé. Depuis un temps immémorial, l'importation du bétail étranger était strictement prohibée, et il est bien certain que longtemps avant les Colling, et même du temps de leurs prédécesseurs, Maynard, Masson, Charge, Pennyman, Saint-Quentin, Hutchinson, Milbank, Brown, etc., etc., aucune importation n'avait eu lieu, et par conséquent il est impossible de citer un seul croisement avec des types hollandais. Il est donc admis par tout le monde aujourd'hui que la race existait avant les Colling, et cela depuis un temps immémorial, et que, soumise au système de reproduction connue sous le nom de *in and in*, c'est-à-dire strictement reproduite par des éléments tirés de son sein même, sans aucun mélange de sang étranger, elle s'était conservée dans quelques étables privilégiées, où les frères Colling purent puiser les principales souches de leurs troupeaux. Un coup d'œil jeté sur la généalogie des animaux élevés par les Colling suffit pour démontrer que les types reproducteurs avec lesquels ils ont commencé leur élevage étaient déjà tracés d'une manière authentique, car la généalogie de ces types remonte à une époque bien antérieure à celle des Colling ; ils eurent donc eux-mêmes recours au système *in and in*, excepté dans un seul cas dont je parlerai plus loin, et ils se montrèrent toujours extrêmement jaloux de n'admettre dans leur élevage que des éléments d'une pureté incontestable.

Parmi les familles les plus célèbres de la race durham, aucune n'a été autant recherchée que la famille des *duchesses*. Cette tribu merveilleuse, qui s'est trouvée un instant concentrée entre les mains de Bates, puis dans celles de feu lord Ducie, d'où elle s'est dispersée dans le monde entier après la célèbre vente de Totworth, existait longtemps avant les Colling, et tout porte à croire que les ancêtres de cette magnifique tribu possédaient, dès le commencement de leur existence, une rare perfection de formes et de qualités. Ce fut en 1808, à la vente de Charles Colling, que Bates acheta la vache Duchesse; Colling possédait cette tribu depuis une vingtaine d'années dans son troupeau. Il en avait acheté la première femelle au régisseur du duc de Northumberland, et à cause de cette circonstance il lui avait donné le nom de *Duchesse*. Tous les individus de cette famille étaient si remarquables par leur perfection générale que, d'après le témoignage des contemporains, tous les efforts des Colling pendant vingt ans, tous ceux de Bates pendant quarante ans, et tous ceux qu'on a faits depuis chez lord Ducie, et de nos jours chez M. Bolden, de Lancastre, et chez le capitaine Gunter, de Wetherby, n'ont jamais pu réussir à rehausser en aucune façon les admirables qualités qui la distinguent, bien qu'on ait essayé à cet effet les plus beaux taureaux qu'on ait pu trouver même en dehors de la famille. Aussi ceux qui, aujourd'hui, possèdent des animaux purs de cette tribu, ne veulent-ils les accoupler qu'avec des reproducteurs choisis dans son sein même, et ils préfèrent payer jusqu'à 1,500 francs pour une saillie que d'introduire dans la famille un sang étranger, quelque illustre qu'il soit d'ailleurs. Ce principe d'accouplement *in and in* à tout prix existe d'ailleurs pour quelques autres familles, telles que celle des *Princess, Oxford, Fortune, Daisy, Gwynne, Millbank*, etc., dont

les descendants sont toujours fort recherchés dans les
ventes.

« Il est à remarquer que les qualités qui distinguent
toutes ces familles, telles que l'aptitude à l'engraissement, la précocité, la sécrétion laitière, etc., viennent toutes des femelles. C'est pour cela que dans les
généalogies, ce n'est point à la ligne paternelle, mais
bien à celle des ancêtres de la mère, qu'on attache le
plus d'importance, car c'est la ligne maternelle qui
forme le tronc généalogique. Quoi qu'il en soit, il est
certain que, dans les principales familles que je viens
de citer, ce cumul des qualités de boucherie et de
laiterie, qui en fait le principal mérite, appartient tout
entier à l'atavisme maternel,

« L'histoire de la famille des *Duchesses*, malgré son
homogénéité de perfection, présente un incident trop
remarquable et trop concluant en faveur de ma première proposition, pour que je ne le cite pas ici. J'ai
dit tout à l'heure que, depuis un siècle, tous les efforts
des éleveurs qui ont possédé la famille des *Duchesses*
n'avaient pu rien ajouter à la perfection des premiers
types, tels que la tradition et l'histoire nous les ont
décrits. Je dois reconnaître cependant que cette assertion est un peu trop absolue, car il est certain que
Bates réussit, par un accouplement judicieux, à donner à cette tribu un port plus majestueux et une physionomie plus distinguée. Bates avait remarqué que la
seule imperfection de cette famille était un certain
manque de noblesse dans la tête, une absence assez
prononcée de cette distinction qui fait aujourd'hui un
de ses principaux mérites. Persuadé que le croisement
avec un taureau possédant à un haut degré ces qualités
suffirait pour les fixer dans la famille des *Duchesses*, il
se mit à la recherche d'un étalon qui, par la pureté de
son origine et la possession des qualités qu'il voulait

infuser dans le sang des *Duchesses,* pût servir son dessein. Il apprit qu'un cultivateur, nommé Stephenson, possédait un taureau descendu en ligne directe de la fameuse vache *Princess,* élevée par Robert Colling. Cette vache, qui était merveilleusement belle, avait attiré la convoitise de sir Henry Tempest. Après de longues négociations, il réussit à l'acheter pour une somme fabuleuse, dont on n'a jamais bien su le chiffre ; quelques-uns disent 30,000 francs. En 1813, à la mort de sir Henry Tempest, la nombreuse progéniture de cette vache *Princess* fut vendue avec les autres animaux qui composaient le troupeau de ce grand éleveur, mais à cette vente une petite-fille de *Princess,* nommée *Angelina,* fille d'*Anna Boleyn,* qui elle-même était un des plus beaux rejetons de *Princess,* fut réservée. Dans une vente subséquente, le fermier Stephenson put acheter une fille d'*Angelina,* et c'est de cette arrière-petite-fille de *Princess* que sortit le fameux taureau *Belvédère.* Bates entendit parler de ce taureau, dont la renommée commençrit à se répandre au loin ; il fit exprès le voyage, et vint jusque chez Stephenson pour examiner cet étalon, dont l'origine lui paraissait digne d'une alliance avec sa fameuse tribu des *Duchesses.* Lorsqu'il arriva à Whitehouse, où demeurait Stephenson, celui-ci était absent, et, selon sa coutume, il avait emporté avec lui la clef de l'écurie où *Belvédère* était enfermé. Ce fut par le trou de la serrure que Bates fit son premier examen, et cet examen, tout imparfait qu'il était, le satisfit tellement sur le mérite de Belvédère qu'il attendit patiemment le retour de Stephenson et commença immédiatement des négociations pour en faire l'acquisition. Ce ne fut pas sans difficulté qu'il y réussit, car Stephenson tenait beaucoup à cet animal, tant à cause de l'illustration de sa race que des qualités de symétrie et de distinction qui lui étaient particulières. Bates emmena donc Belvédère à Kirkleavington, et c'est de cette époque que date la grande renommée de la tribu des *Duchesses*, car le résultat vint donner raison à la théorie du grand éleveur, et le premier accouplement de *Belvédère* avec une vache *Duchesse* fut le fameux *duc de Northumberland*, qui justifia, par la majesté de son port plein de dignité et de noblesse, la profonde habileté des calculs qui amenèrent sa naissance. — Ainsi, on le voit, par la ligne maternelle, les qualités résultant de l'action pleine et vigoureuse des parties vitales dans cette illustre famille des *Duchesses* se transmettaient et se transmettent encore de génération en génération, et l'infusion raisonnée et judicieuse d'un sang étranger, par le mâle, put seule donner cette distinction extérieure qui manquait à la race.

« A cet exemple d'heureux *croisement* (1) dans les principales tribus de la race durham j'ajouterai celui encore plus remarquable et surtout plus hardi du *métissage*, opéré par les Colling, et connu sous le nom d'*alliage*.

« Il existe en Écosse une race de montagnes appelée Galloway ; cette race est remarquable à bien des titres, mais elle n'a absolument d'autre rapport avec la race durham que la forme cubique du corps. La couleur de la race galloway est fauve ; elle a le poil long et enchevêtré ; elle est petite, trapue et ramassée ; la poitrine est profonde, les reins sont larges et charnus, la cuisse près du jarret et le train postérieur comparativement développé. Cette race manque de précocité et surtout de développement. On le voit, à part quelques

(1) Il n'y a point là de croisement à proprement parler. La zootechnie ne reconnaît le croisement qu'entre deux races différentes. L'expression de M. de la Tréhonnais est donc impropre.

(Note de l'auteur.)

ressemblances de formes, il existe entre les galloways et les durhams des différences bien marquées.

« Il arriva qu'un colonel en retraite nommé O'Callaghan, allié à l'illustre famille de Lismore, vint s'établir à Heighington, dans le comté de Durham, non loin de la résidence des Colling. Il avait coutume d'envoyer ses vaches chez ces derniers pour les faire saillir par leurs taureaux, et ayant acheté en Écosse deux vaches galloways, il en envoya une à Ketton, où demeurait Charles Colling ; celui-ci la fit saillir par Bolingbroke. Bolingbroke était petit-fils d'*Old Favourite* et fils d'*Young Strowbery*, toutes deux élevées par M. Maynard ; comme je l'ai dit plus haut, ce sont ces deux célèbres vaches qui ont formé les premiers éléments du troupeau des Colling. Le père de Bolingbroke était le fameux Hubback. Le produit du croisement de Bolingbroke avec la vache du colonel James O'Callaghan fut un mâle dont le pelage était rouan, et qui présentait du reste tous les points caractéristiques de la race durham. Les principes d'hérédité et d'atavisme du sang de Bolingbroke avaient entièrement prévalu dans le produit, tandis que, par la largeur de la poitrine et la profondeur des parties charnues, il tenait évidemment de sa mère. Mais, comme ces qualités existaient à un degré tout aussi élevé du côté paternel, le produit n'offrait aucun point qui pût le distinguer de la race durham. Charles Colling le trouva si beau, si parfait, qu'il l'acheta au colonel, et quand il fut en âge de saillir, il l'accoupla avec sa veille vache *Old Favourite*, propre bisaïeule du jeune étalon par la ligne paternelle.

« Le produit de ce nouveau croisement fut encore un veau mâle auquel on donna le nom de petit-fils de Bolingbroke. Charles Colling l'accoupla, aussitôt qu'il fut en âge de saillir, avec *Phœnix*, sœur d'*Young*

Strowbery, et par conséquent fille d'*Old Favourite*, connue aussi sous le nom d'*Old Johanna*. Cette fois, le produit fut une génisse, et c'est par conséquent de ce produit femelle, qu'on nomma *Lady*, qu'est issue toute la postérité dite d'*alliage*.

« Ce métissage de Charles Colling est une des plus éclatantes preuves de son génie. Observant dans le fils de cette vache galloway tous les points caractéristiques de la race durham alliés à la profondeur de poitrine et au massif des parties charnues de la race de sa mère, la pensée lui vint sans doute d'ajouter au sang de son troupeau cette nouvelle qualité de chairs, qui, aujourd'hui, est encore si remarquable dans les races écossaises. Il s'agissait donc de fixer cette qualité sans porter atteinte au caractère extérieur de formes, de cornage et de couleur de la race durham. A cet effet, quel procédé emploie-t-il ? Non content de ce premier dosage de sang durham qui avait agi d'une manière si énergique dans le premier produit, il ramène ce produit à la source même du sang qui l'a métamorphosé ; il l'accouple avec la grand'mère de son père, et, non content de ce nouveau dosage, il accouple encore le produit de ce second croisement avec une fille de sa mère, afin, sans doute, de fixer d'une manière plus certaine et plus persistante le sang durham dans la nouvelle famille qu'il voulait créer. Les événements vinrent justifier ce triple dosage *in and in*, car les descendants de *Lady*, malgré la défaveur qu'on a voulu à différentes époques jeter sur eux à cause de cet *alliage*, ont toujours réalisé dans les ventes des prix très-élevés. En 1810, à la vente de Charles Colling, la postérité de *Lady* réalisa une moyenne de 5,000 francs. Une des filles de *Lady*, nommée Countess, atteignit à elle seule le chiffre de 10,500 francs. Ceci prouve qu'à cette époque l'*al-*

liage (1) n'avait excité les scrupules de personne. »

Il a été longtemps de mode en France de dire que la race de Durham était mauvaise laitière. Aujourd'hui qu'on la connaît, on est revenu à une plus sérieuse appréciation des choses. Spécialisée chez nous uniquement et à juste raison comme race de boucherie, la race Courtes-cornes ne peut, en effet, rivaliser avec celles de la Normandie et de la Flandre. Mais elle vient immédiatement après elles.

En Angleterre, on considère la vache durham comme la plus avantageuse pour la laiterie. Tous les comtés où la production du lait, du beurre ou du fromage forme la principale industrie du pays, tels que le Gloucestershire, le Cheshire et en général les environs de tous les grands centres de population, sont peuplés de vaches de Durham.

MM. Crawley, de Chershire, et Wright, de Surrey, indiquent les rendements suivants chez leurs Courtes-cornes, comme moyenne de l'année pour chaque vache.

La première : 3,934, litres ; la seconde : 3,680. Chez M. Crawley, les vaches paissent dans les pâturages, pendant la belle saison, et reçoivent en hiver de la paille hachée, du foin, de l'avoine, des racines et des tourteaux de lin. Chez M. Wright, elles sont soumises au régime de la stabulation permanente et reçoivent en été du sainfoin, du trèfle, des vesces, etc. ; en hiver, des racines, du foin et des farineux.

La moyenne annuelle en rendements laitiers des vacheries de Durham, spécialisées et nourries en vue de cette production, est de 3,000 litres. Toutefois elle est de beaucoup dépassée dans les vacheries qui alimentent la ville de Londres, où l'on arrive à une

____

(1) Cet « alliage » n'est point du « métissage », comme le dit M. de la Tréhonnais. C'est bel et bien du croisement, pour le coup.

(Note de l'auteur.)

moyenne de 4,500 hectolitres, moyenne qui n'est pas dépassée sur le continent.

Quant à l'aptitude à l'engraissement, quant à la précocité, on sait que la race de Durham n'a point de rivales. Elle est, chez nous, destinée à jouer un grand rôle dans l'amélioration des races que nous destinons plus particulièrement à la production de la viande.

Tout à l'heure je parlerai du rôle qu'elle a déjà joué dans l'histoire agricole de ces dernières années. Il est trop important pour que je le passe sous silence, même dans cet abrégé monographique de nos races françaises.

Race charolaise. — Considérée au point de vue de la boucherie, la race charolaise, originaire du département de Saône-et-Loire, est assurément la première de nos races françaises. Aucune autre ne montre plus d'homogénéité, plus de constance dans les caractères typiques ou secondaires.

Elle se fait remarquer par son crâne étroit, son front bombé, sa face courte à chanfrein étroit, ses naseaux bien ouverts, son léger fanon sous la gorge, ses oreilles petites, ses cornes de longueur moyenne et de couleur blanc-jaunâtre, ses yeux grands et doux, son encolure courte, bombée chez le taureau, son corps volumineux relativement aux membres qui sont courts, sa culotte très-descendue, formant une courbe qu'on ne trouve aussi prononcée chez aucune race bovine ; sa couleur uniformément blanche ou jaunâtre dans certaines contrées.

La race charolaise, la plus précoce, la plus facile à l'engraissement de toutes de nos races, a été l'objet de soins attentifs dans le Nièvre et dans le Cher particulièrement de la part de MM. Chamart et Massé, dont les noms figuraient au catalogue des premiers concours de Poissy.

Malgré les efforts de ces éleveurs célèbres, la race charolaise ne possédait point encore les qualités de

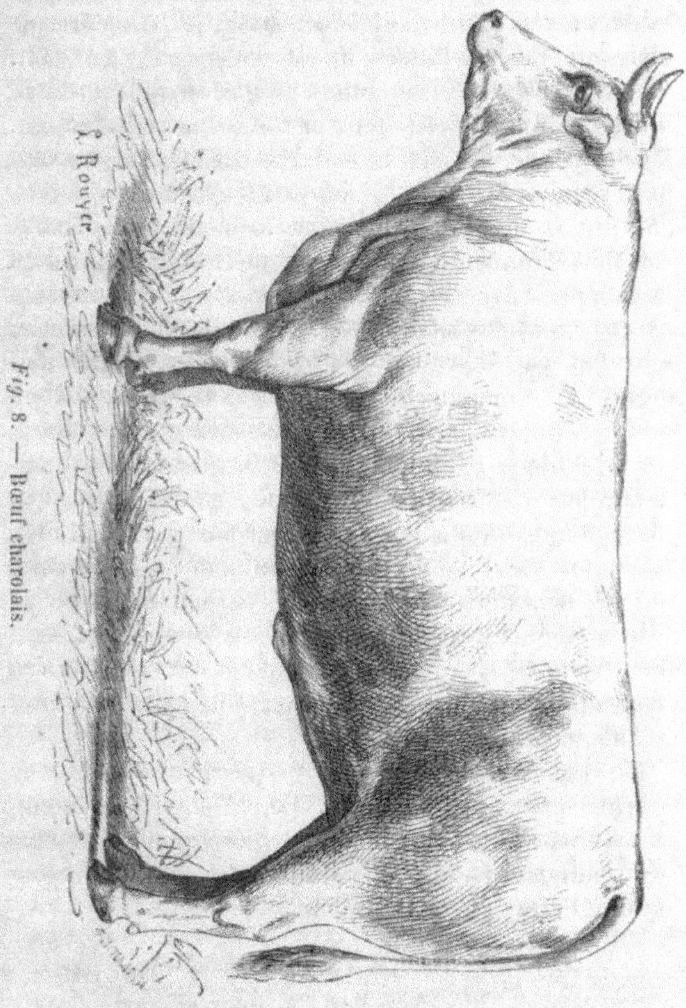

Fig. 8. — Bœuf charolais.

précocité et d'aptitude à l'engraissement qu'elle a acquises depuis; son squelette n'avait pas non plus cette légèreté qu'on remarque aujourd'hui chez les meilleurs sujets.

Si les premières améliorations de la race charolaise sont dues au régime et à la sélection, les dernières ne peuvent être attribuées qu'au croisement. En effet, depuis 1822, de fréquentes importations du bétail durham ont eu lieu dans la Nièvre principalement. Par esprit de clocher, la majorité des éleveurs ne veut pas reconnaître que les animaux charolais dont on admire la conformation dans les concours soient le résultat d'un croisement ou du métissage. Cependant les alliances avec la race anglaise hautement annoncées par des hommes tels que MM. de Bouillé et Tiersonnier ont fini par convertir à l'évidence les esprits sincères. Au concours de la Villette, en 1868, j'ai pu me convaincre par un examen attentif que les charolais, indiqués comme métis de Durham, ne présentaient pas d'autres caractères que certains autres que le catalogue désignait comme charolais purs. Eh ! mon Dieu, les éleveurs ou engraisseurs qui se contentent de les déclarer comme charolais, peuvent avoir la conscience en repos. Leurs animaux sont bel et bien des charolais au même titre qu'eux-mêmes, s'il s'en trouvait parmi eux dont les mères fussent italiennes ou allemandes.

La vache charolaise est très-médiocre laitière, eu égard surtout à la quantité. En revanche, le bœuf, sans fournir une viande de première qualité, donne des rendements très-satisfaisants. La moyenne constatée à Poissy en 1856 fut celle-ci :

Poids vivant...............	926 kil, 667
Viande nette...............	610 kil, 667
Suif.......................	83 kil, 833
Cuir......................	55 kil, »
Issues....................	70 kil, 500

Mais il faut faire observer que ce résultat, qui est de plus de 65 pour 100 en viande nette, ne doit être attribué qu'à des animaux exceptionnels.

Durham métis. — Plusieurs provinces, entre autres le Maine et l'Anjou, doivent au croisement de leurs races avec le taureau de Durham les progrès de leur agriculture. Un éleveur manceau très-distingué m'écrivait naguère : « Les fermiers qui, depuis quinze ans, suivent la pratique du croisement, ont vu leur capital cheptel augmenter du quart au tiers. Dès les premières générations, nos animaux sont transformés, plus précoces et plus aptes à l'engraissement, et aussi plus laitiers. »

Dans la notice que M. le marquis d'Avrincourt, lauréat de la prime d'honneur en 1867, a publiée sur son domaine, je trouve les renseignements suivants sur sa vacherie entièrement composée de métisses picardes-durham.

« Aujourd'hui, dit-il, ma race picarde-durham est vraiment charmante, rustique, et donne convenablement du lait, tout en s'engraissant fort bien. Elle ressemble beaucoup à l'Ayrshire grandi. Le herd-book de ma vacherie est tenu régulièrement depuis son origine, c'est-à-dire depuis 1836, et on peut y constater la filiation de tous mes animaux.

« Mes bœufs me donnaient un assez bon travail : puis, à cinq ou six ans, ils s'engraissaient fort bien. J'ai envoyé plusieurs fois, à Poissy, des bœufs qui avaient travaillé et qui y ont obtenu des prix.....

« Toutes les traites de ma vacherie sont exactement enregistrées. Voici ce qu'elles ont produit à six ans d'intervalle : pour une moyenne de douze vaches, soit, en 1860, 984 litres par vache et par an, et 2,69 par vache et par jour; et en 1866, 1,292 litres par vache et par an, et 3,54 par vache et par jour.

« Mais ces données n'indiquent pas le rendement réel de mes vaches, car ce lait est bien loin d'être celui produit par toute la vacherie, puisque je laisse teter les mères par leurs veaux.....

« J'ai trouvé ainsi que le rendement moyen de mes vaches était le suivant :

PREMIER MOIS APRÈS VÊLAGE.

Été...................... 17 litres.
Hiver..................... 14 —

DEUXIÈME MOIS APRÈS VÊLAGE.

Été...................... 14 litres.
Hiver..................... 10 —

TROISIÈME MOIS APRÈS VÊLAGE.

Été...................... 12 litres.
Hiver..................... 8 —

QUATRIÈME MOIS APRÈS VÊLAGE.

Été...................... 10 litres.
Hiver..................... 6 —

« Il nous faut en moyenne, pour avoir une livre de beurre :

En été............. 14 litres de lait.
En hiver............ 18 —

« Ce qui nous donne une moyenne de 16 litres. C'est, en effet, ce que nous donnent les quantités enregistrées.

« Il est entré à la laiterie :

	ANNÉES 1860.	ANNÉES 1866.
	11,808 litres,	15,482 litres.
Il en a été consommé ou vendu..	816 —	2,610 —
Il en est resté pour le beurre....	10,992 —	12,882 —

qui ont produit, en 1860, 672 livres de beurre, soit

une livre pour 16 litres 4, et, en 1866, 780 livres, soit une livre pour 16 litres 5.

« Dans le pays, la livre de beurre marchande n'est pas le demi-kilo. Chez moi, c'est toujours le demi-kilo qui est pris pour division. Le prix moyen du beurre est de 1 fr. 25 le demi-kilo. Le lait de beurre ne se vend nulle part ; on le donne aux veaux et aux porcs... »

Je veux maintenant préciser les qualités des métis-durham en mettant sous les yeux des lecteurs les observations faites par le maître dont j'ai l'honneur, en ce moment, de publier les œuvres posthumes (1). Voici ce que disait Baudement des animaux croisés présentés au concours de Poissy, en 1856, et qu'il avait classés au premier rang : « Le *Durham-Manceau* nº 13, appartenant à M. le comte de Falloux, qui a obtenu le prix d'honneur, avait un grain de viande d'une rare finesse ; la graisse l'avait atteint dans toute sa profondeur ; elle entourait, en couches épaisses, des muscles d'une teinte claire et brillante. Jamais, peut-être, la graisse ne s'était accumulée sur une aussi grande épaisseur dans la région sternale ; aussi les bouchers disaient-ils que les *brochets* étaient étonnants ; les charcutiers auraient dit que la *panne* était extraordinaire.

« Cette perfection de qualité et cette graisse abondante se retrouvaient dans deux autres Durhams-Manceaux, les nºˢ 10 et 25, appartenant au même éleveur. On pourrait affirmer qu'on n'a pas encore vu un bœuf aussi *couvert* que l'était le nº 25.

« Le *Durham* nº 98 a donné un poids énorme de viande ; sa couverture était épaisse et belle ; il était magnifique sur les pentes, et dénotait dans ses *pièces parées* une grande finesse. Il s'est un peu démenti à la

____

(1) *Les Mérinos*, par Baudement. *Études sur la Zootechnie*, idem, avec Introductions par Guy de Charnacé.

coupe. En le comparant au bœuf n° 13, auquel il avait disputé la palme sur le champ du concours, on le trouvait un peu inférieur en qualité. Si j'osais employer une épithète qui ne saurait s'appliquer à des bœufs de cet ordre, je dirais qu'il était un peu *rufle* comparativement à son rival. Ce caractère de la viande était d'ailleurs tout à fait en harmonie avec l'idée qu'on prenait de l'animal quand on l'étudiait vivant : il était merveilleux de développement, mais il avait quelque chose du taureau dans la tête, bien que, assure-t-on, il eût été châtré très-jeune. C'est cette physionomie qui a décidé le jury à préférer le n° 13, un des plus beaux modèles, sinon le plus beau bœuf de boucherie qui ait encore paru à Poissy. Le rendement aux quatre quartiers a été à peu près le même pour les deux bœufs dont il s'agit, un peu plus élevé en faveur du n° 98.

« Tout à côté de ces bœufs et sur la même ligne se sont placés les *Durham-Normand* et *Durham-Schwitz-Normand* n° 1 et n° 2, sortant de l'étable de M. de Torcy, depuis longtemps en réputation pour la perfection, en quelque sorte acquise, que les animaux doivent à l'expérience consommée du propriétaire, dans l'art de l'élevage et de l'engraissement. Rien ne manquait à la qualité de ces deux bœufs, les plus complets, les plus brillants, les plus fleuris qu'on puisse voir.

« Il en faut dire autant du *Durham-Charolais* n° 277. Sa viande et sa graisse étaient du grain le plus fin et de la plus belle couleur; sa couverture était partout admirablement suivie; il n'avait pour ainsi dire pas d'os.

« Le *Durham-Breton* n° 14 était également remarquable par la réduction de sa charpente osseuse, la finesse de toutes ses parties et leur régularité d'engraissement.

« Le *Durham-Charolais* n° 94 se distinguait pour les

mêmes qualités, bien que son marbré fût un peu moins achevé peut-être.....

« C'est aux bœufs dont l'âge est compris entre trois et quatre ans qu'appartient le premier rang pour la qualité de la viande ; c'est aux bœufs âgés de trois ans au plus qu'échut le second rang ; les bœufs âgés de plus de quatre ans viennent en dernière ligne. C'est-à-dire que, si nous formons deux divisions seulement parmi les bœufs, en prenant pour point de séparation la limite de quatre ans, nous trouvons que les bœufs les plus jeunes se classent avec les bœufs les plus âgés.....

« Les bœufs *jeunes* arrivent avant quatre ans à cette maturité de l'âge adulte ; les bœufs *âgés* n'y arrivent qu'après quatre ans ; en un mot, les uns sont *précoces*, les autres ne le sont pas ; voilà le sens exact des mots.

« Il existe donc des animaux *précoces ;* voilà la vérité capitale que les faits mettent en évidence, si l'on veut bien toutefois accorder que quatre années d'observation, portant sur 151 bœufs, donnent déjà le droit de conclure. A quelles races appartiennent les bœufs jeunes dont il s'agit ici ? Nous répondrons tout à l'heure à cette question, après avoir indiqué comment les bœufs primés en 1856 se classent quant à la *race*, et comparé entre elles les races qui ont paru dans les précédents concours.

« Voici l'ordre dans lequel se rangent, quant à la qualité de leur viande, les races qui ont été primées en 1856 :

Durham-Breton............... = 20		
Durham-Manceau............... = 19,75	Première *première*	
Durham-Schwitz-Normand........ = 19,50	qualité.	
Durham-Normand............... = 19		
Choletais.................... = 17,67		
Limousin..................... = 17,67	Deuxième *première*	
Garonnais.................... = 17,50	qualité.	
Garonnais-Limousin........... = 17		
Durham-Charolais............. = 16,50		

Durham.............................. = 16,40 }
Bazadais............................ = 16   } Troisième *première*
Charolais........................... = 15,11 } qualité.
Breton.............................. = 15   }

Durham-Limousin.................... = 14 } Première *deuxième*
Salers.............................. = 13 } qualité.

Aubrac .... = 10 } Troisième *deuxième*
                                          } qualité.

« De ces croisements, les *Durhams-Charolais* paraî-
traient être ceux qui ont le moins de qualités, et les
Durhams-Manceaux, ceux qui en ont le plus. Tout près
de ces derniers se placeraient les *Durhams-Schwitz-
Normands* et les *Durhams-Normands*.

« On voit que les observations que je viens de faire sur
la race durham et sur les croisements qui en proviennent, se trouvent confirmées par ce résumé des faits.
La race durham, qui ne donne pas une viande de
qualité remarquable, communique aux croisements
qu'on en obtient, une qualité généralement supérieure
à la sienne et supérieure à la qualité des races auxquelles elle a été mêlée. Cette race, si remarquable par
sa conformation comme race spéciale de boucherie,
par ses facultés d'assimilation, par son développement hâtif, par sa puissance de transmission, im-
prime son cachet avec une très-grande certitude à la
plupart des produits de croisement qu'elle donne,
améliore leurs formes, leur communique quelque
chose de ses qualités comme consommateur et les
avance dans la précocité. Elle leur apporte de plus
une certaine propension à se charger de graisse, une
certaine mollesse, une certaine verdeur qui nuit à la
qualité générale de sa viande, mais qui, tempérées par
la race à laquelle elle est unie, composent une qualité
moyenne plus élevée qu'elle ne se trouve dans les deux
reproducteurs associés.

« Le rôle essentiel, le vrai rôle de la race *Durham*, sa véritable destination, paraît être de former des croisements. J'entends par ce mot des *produits* destinés exclusivement à la consommation, plus ou moins riches de sang anglais, suivant qu'on juge à propos de donner le taureau durham à une suite plus ou moins longue de génération, mais exclus de la reproduction dans le but de former souche. Les faits tirés de l'étude des viandes me semblent corroborer cette opinion, que justifie l'histoire tout entière des races domestiques.

« Il ne s'ensuit pas que toutes les races, quelles qu'elles soient, doivent être conservées et améliorées par elles-mêmes. Il y a des races qui, n'ayant aucune qualité acquise, ne répondant par conséquent à aucun besoin industriel, et ne pouvant se perfectionner assez vite quand l'agriculture fait de rapides progrès, peuvent être détruites, absorbées par une race meilleure.

« Telle est la race mancelle, dont on tire des croisements *Durhams-Manceaux*, qui se placent si haut, chaque année, par la qualité de leur viande, et qui tiennent le premier rang sur la liste que nous venons de dresser. Un tel résultat justifie et récompense les efforts de ceux qui ont propagé avec tant de zèle la race durham dans les pays qui formaient le domaine de la race mancelle.

« Les *produits* de croisements, en outre, donnent cette viande dans de meilleures conditions de précocité.

« Ainsi, les races françaises prennent leur maximum de qualité plus tard que ne le font les races anglaises et les produits de croisement ; elles arrivent aussi plus tard à la boucherie ; en un mot, elles sont moins précoces. La maturité plus hâtive des bœufs anglais et des croisés leur donne ici un avantage de deux ans environ sur les bœufs français. Cette différence est, en réalité, plus grande dans la marche ordinaire des choses, parce que les bœufs français arrivent sur les marchés plus vieux qu'au concours ; ce serait déjà un grand progrès que de la réduire à ce qu'elle est à Poissy. Pour une durée de six ans, terme que la vie de nos bœufs atteint le plus communément au concours, comme cela ressort des chiffres du tableau, l'avance de deux ans que possèdent les bœufs anglais et les croisés, livre à la consommation un tiers de plus de têtes. Personne ne niera l'importance de ce gain obtenu sur le nombre sans rien sacrifier de la qualité.

« En résumé, les études faites sur la qualité des viandes des bœufs primés aux quatre Concours de 1853-54-55-56, et portant sur 151 têtes, conduisent aux conclusions générales suivantes :

« 1° Il existe des bœufs précoces, arrivant à maturité avant quatre ans ; la viande de ces animaux est de qualité un peu supérieure à la viande des bœufs qui ont dépassé cet âge.

« 2° Les bœufs précoces de cette qualité appartiennent principalement aux produits que donne le croisement de la race durham avec nos races indigènes ; il s'en trouve quelques-uns dans certaines de nos races indigènes, notamment parmi les choletais et les limousins.

« 3° Les produits de croisement obtenus par l'alliance de la race durham à nos races françaises, semblent posséder une qualité de viande supérieure à celle de la race durham.

« 4° En comparant les bœufs des races françaises aux bœufs appartenant à la race durham et aux croisements, on trouve que la qualité moyenne de la viande est sensiblement égale dans l'une et dans l'autre catégorie. Seulement, nos bœufs indigènes n'acquièrent leur maximum de qualité que de cinq à six ans, tandis que les bœufs durhams et ceux qui proviennent de croisements arrivent à ce maximum de trois à quatre ans.

« 5° Les faits fournis par l'examen de la qualité des viandes sont d'accord avec ceux que présentent l'histoire des races, l'étude des conditions au milieu desquelles elles se forment, s'entretiennent et s'exploitent, pour montrer que, si certaines races indigènes sans aptitudes bien accusées peuvent être avantageusement détruites par le croisement, comme le prouvent les résultats offerts pour les *Durhams-Manceaux*, la plupart de nos races peuvent être améliorées par elles-mêmes et gagner, par la marche progressive de l'industrie zootechnique, qualité et précocité. Pendant ce travail lent d'amélioration, et toutes les fois que les ressources fourragères le permettent, on peut aussi avec avantage obtenir des *produits* de croisement qui satisfont aux demandes de la consommation, mais ne sont pas utilisés comme *reproducteurs*. »

Je ne pouvais assurément rien produire de plus concluant et de plus instructif que ce compte rendu, fait par Baudement, par ordre de S. Exc. le ministre de l'agriculture, au lendemain d'un concours de Poissy. Le temps n'a rien enlevé à l'exactitude, à la vérité des faits observés par mon bien regretté maître (1). Les succès obtenus dans les concours de boucherie comme dans ceux offerts aux reproducteurs apparaissent chaque année et plus brillants et plus nombreux. Les Durhams-Manceaux, par exemple, ont acquis une réputation telle dans les herbages normands et dans les étables vendéennes, où on les engraisse avec des choux et des farineux, qu'ils obtiennent dans les foires de l'Ouest des prix infiniment plus élevés que les bœufs de l'ancienne race nouvelle.

(1) Les renseignements fournis à Baudement par les éleveurs et que j'ai donnés dans ce petit livre, étaient destinés au grand ouvrage que le savant professeur se disposait à écrire lorsque la mort est venue nous l'enlever si prématurément.

Co mme je l'ai dit précédemment, cette race tend d'ailleurs à disparaître pour faire place à une population nouvelle de métis plus aptes à l'engraissement et plus précoces.

Dans le Maine, dans l'Anjou, les bœufs sont vendus aux engraisseurs et aux herbagers dès l'âge de trois et quatre ans. Il y a vingt ans, c'est-à-dire avant que la race locale n'ait été améliorée par le croisement, les métayers ne pouvaient vendre leurs animaux avant l'âge de cinq et six ans. C'est donc une augmentation du double dans le revenu des fermes. On voit d'ici les conséquences de l'introduction de la race de Durham dans le pays. Le croisement érigé en principe d'amélioration a lancé l'agriculture du département de la Mayenne et de Maine-et-Loire dans une voie progressive où la prospérité n'a pas tardé à remplacer un état de misère dont les derniers vestiges disparaissent chaque jour.

Il me resterait à examiner la question de l'amélioration des races et les diverses doctrines zootechniques ; mais ce n'est point ici le lieu. Je le ferai plus tard. J'ai voulu seulement tracer la monographie des races bovines françaises, comme j'avais déjà fait celle des races chevalines de la France (1), évitant les considérations et autant qu'il m'a été possible jusqu'aux termes scientifiques. En effet, mon but était de mettre à la portée des paysans ces petits traités élémentaires de l'économie du bétail, manuels que l'éditeur destine plus spécialement aux écoles primaires et aux cours d'adultes ; puissé-je avoir réussi et montré une fois encore mon désir d'être utile aux classes agricoles au milieu desquelles j'ai passé ma jeunesse !

______

(1) *Les Races chevalines en France*, par Guy de Charnacé.

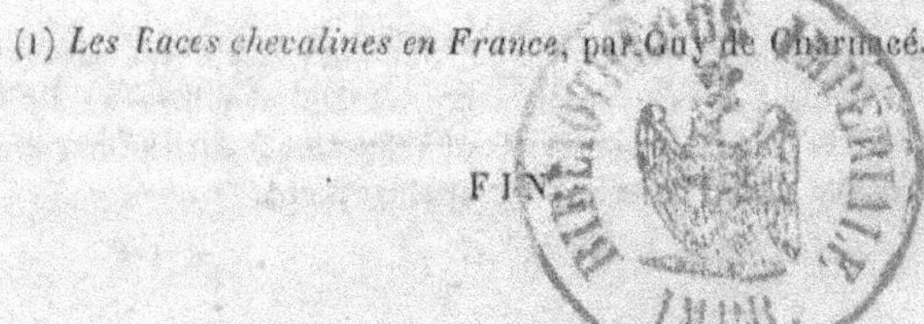

FIN

TABLE DES MATIÈRES

Corbeil, typ. et stér. de Crété.